アラマタヒロシの

日本全国妖怪マップ

荒俣宏
應矢泰紀
著

JN093775

秀和システム

まえがき

妖怪探検へのおさそい

1　まえがきのまえがき：昔のことを少し

この本を作ったわたしは、少し変わり者で、小学生のころからお化けが好きでした。この「好き」という言い方は、「好き嫌い」という感情的な意味ではなくて、「おもしろい」「興味がわく」という好奇心のほうが強かったと思います。

このワクワク感を、英語で「ワンダー」といいます。見知らぬものに出会って、全身が固まってしまうのですから、おもしろさの「金縛り」といったほうがいいかもしれません。

実は、わたしたち人間だけには、この「こわい金縛り」から一歩踏みだして、こわい存在の正体を探究する勇気がそなわっています。

たとえば、「火」は、どんな強い野獣もこわがります。火のこわさに凍りついて、逃げ去ります。ところが、ヨワヨワしい裸のサルといわれた人間だけは、こわさを乗り越えて、火を使

歌川国芳・画『源頼光公館土蜘作妖怪図』天保 14（1843）年。妖怪画の傑作といわれ、上半分に描かれた無数の妖怪は、天保の改革で被害をこうむった市民たちの恨みをひそかに表している

うことに成功しました。「こわさ」を「おもしろさ」に一変させる大飛躍をとげたのです。「妖怪」好きは、「火」の使用にも匹敵する、現代の好奇心といえるでしょう。

2　妖怪は「こわい」に決まっとる！

わたしはことし74歳になります。みなさんのように、妖怪を「かわいい、友達だ」と感じる進んだ時代ではなく、それこそ、まだ「迷信」の力にとらわれ、「妖怪はこわいに決まっとる」とされた時代の子どもです。子どものころ、毎晩のようにおじいさんやおばあさんから布団の中で「こわい話」を聞かされました。おまけに昔の家はとにかく暗くて、とくにトイレは遠い場所にありましたから、死ぬほどこわかったことを覚えています。

また、聞かされるお化け話も、『ゲゲゲの鬼太郎』や『鬼滅の刃』みたいなストーリーの練られた話でなく、たいていは近所に昔でた妖怪や幽霊の噂ばかり。江戸時代そのままです。ですから、知りたいことだらけでも、自分で調べるしかありません。ただし、それだけ真剣に探究しました。結果、わかればわかるほど、妖怪の世界がおもしろさを増しました。

まえがき

3　好奇心と妖怪感度で妖怪を呼びもどす

あれから60年。日本はこういうふうな妖怪ブームになりました。まあ、何事につけ、浅くも深くも自由にできる。いや、むしろ、「好き嫌い」だけの判断で次に進まないと、時代の流れと情報の多さに追いつけないという困った問題さえでてきました。

そこで、この本の登場です。この本の目的は、みなさんを「一歩先の妖怪世界」へお連れすることにあります。それには、好奇心をもっと大きくさせるのが、いちばん。何に対しても、「おや、これはふしぎだ?」と「妖怪感度」で迫ることです。

たとえば、妖怪は、それが出現する場所や時代がおもしろい。でも、みなさんはおうちのまわりの歴史、自分のご先祖や町の成り立ち、地名や人名の由来といった「自分のルーツ」をご存じですか? きっと、詳しく知らないと思います。だとすると、みなさんの町にいる妖怪の謎やふしぎは解けませんね。この「妖怪感度」を磨き上げる

歌川国芳・画『源頼光公館土蜘作妖怪図』(右部分)

しかありません。
たとえば、この本を読んでいくと、いろいろな妖怪の正体が「子ども」だとわかります。河童も、キジムナーも、また座敷童子もそう。いちばんこわい鬼の酒呑童子だって、「童子」と呼ばれていますよね。で、「どうして妖怪には子どもが多いんだろう?」とふしぎに思った瞬間、みなさんは「一歩進めたワンダーの段階」にはいるのです。この本にある酒呑童子の絵を見ても、髪がおかっぱというか坊ちゃん刈りじゃないですか。なぜ子どもの妖怪かという疑問を大きな謎ときにまで発展させられたら、将来は「妖怪博士」になれますよ。

この本は、日本の各地域別に、妖怪のいろいろな伝承や歴史を説明してあります。妖怪を通じて「日本のおもしろさ」を発見する手助けになりたいのです。描き下ろしの絵もたくさん加えました。図を担当した蘭陵亭子梅さん、斎藤猛さん、寝猫さん、應矢舞利子さんは、妖怪を愛するあまり画家になった方々です。本文の資料探しも、京

歌川国芳・画『源頼光公館土蜘作妖怪図』(中央部分)

まえがき

都に住んで長年妖怪研究をされている應矢泰紀さんが力をふるってくれました。
この企画はもともと、令和二年に開館した角川武蔵野ミュージアムのための展示が目的でしたが、令和三年八月に公開される映画『妖怪大戦争 ガーディアンズ』の手引にもできるよう書き改めました。

それでは、みなさん、妖怪の森に一歩踏み込んでみましょう!

荒俣宏

歌川国芳・画『源頼光公館土蜘作妖怪図』(左部分)

もくじ

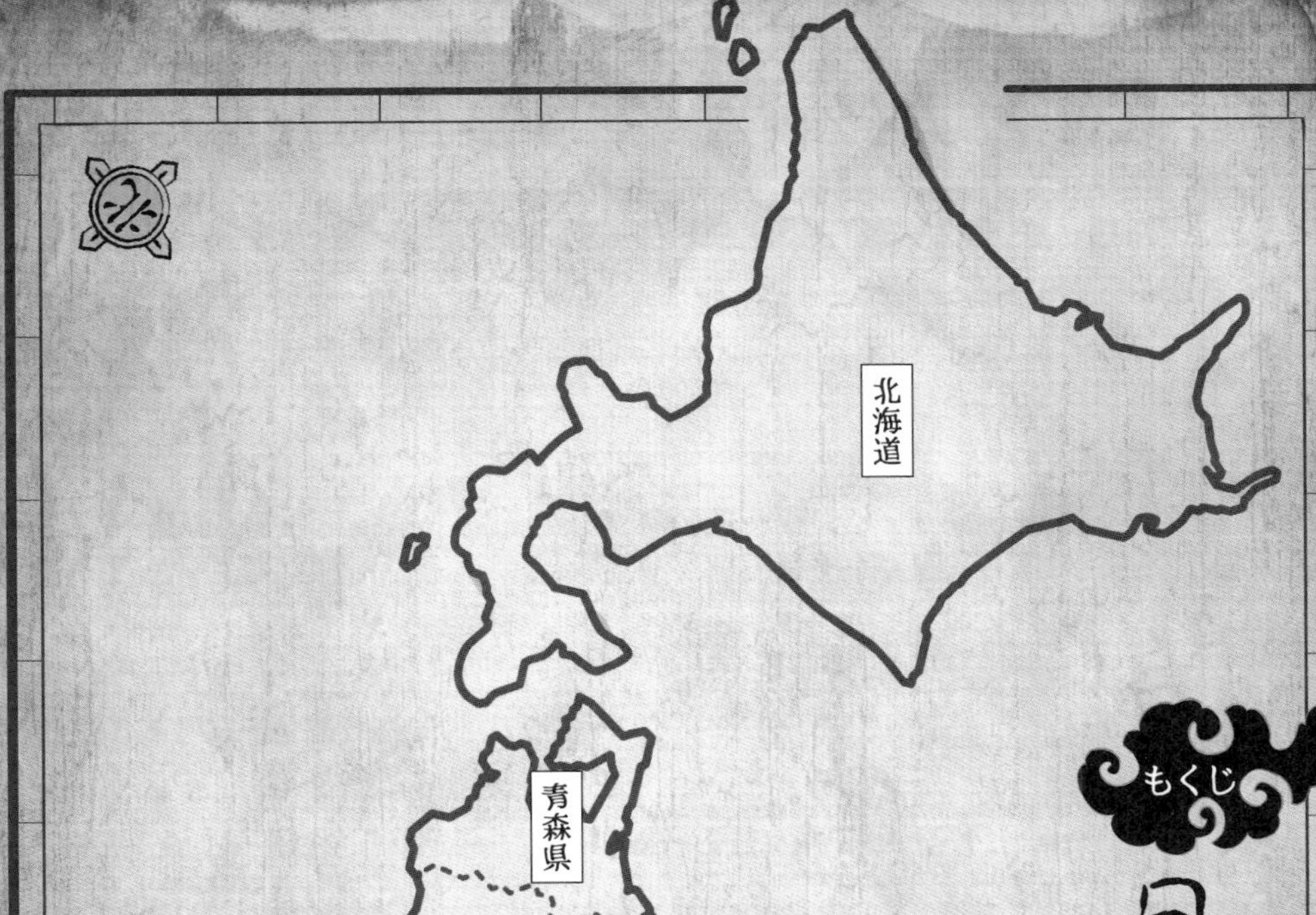

日本全国妖怪地図

第一章 北日本篇

第二章　関東篇

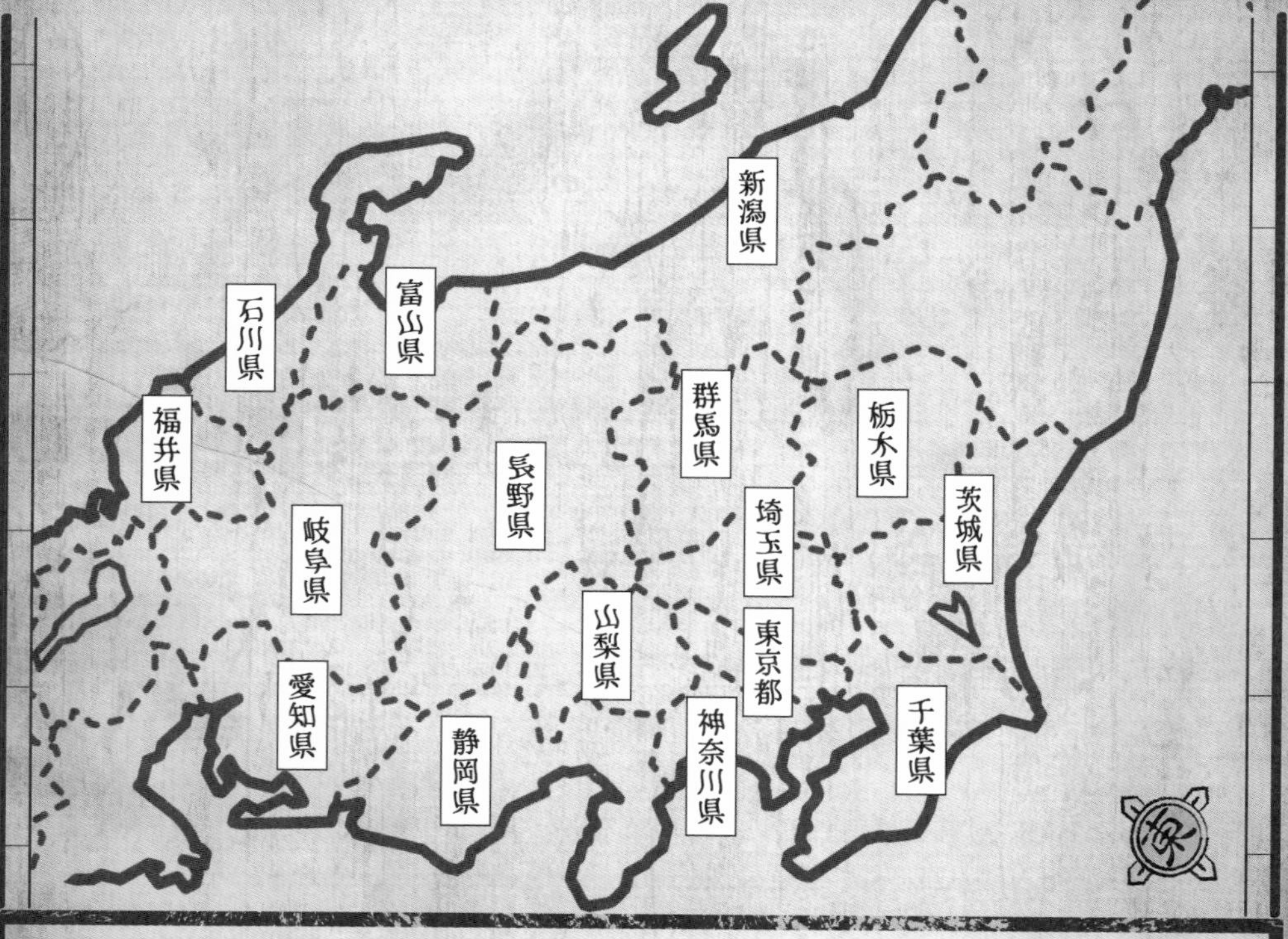

新潟県
富山県
石川県
福井県
群馬県
栃木県
長野県
埼玉県
茨城県
岐阜県
山梨県
東京都
愛知県
千葉県
神奈川県
静岡県
東

第三章 西日本篇

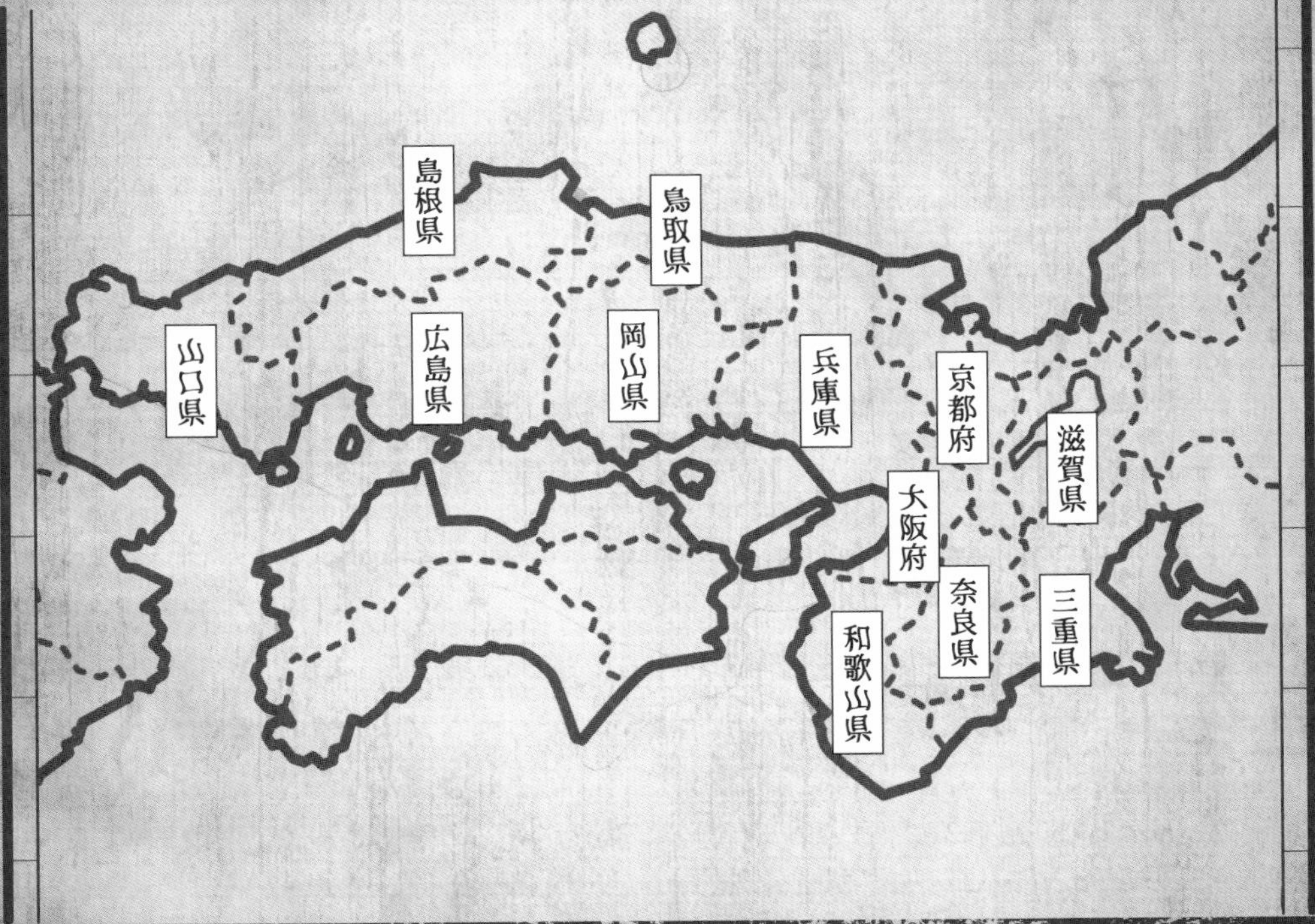

島根県
鳥取県
山口県
広島県
岡山県
兵庫県
京都府
滋賀県
大阪府
奈良県
三重県
和歌山県

第四章 四国・九州篇

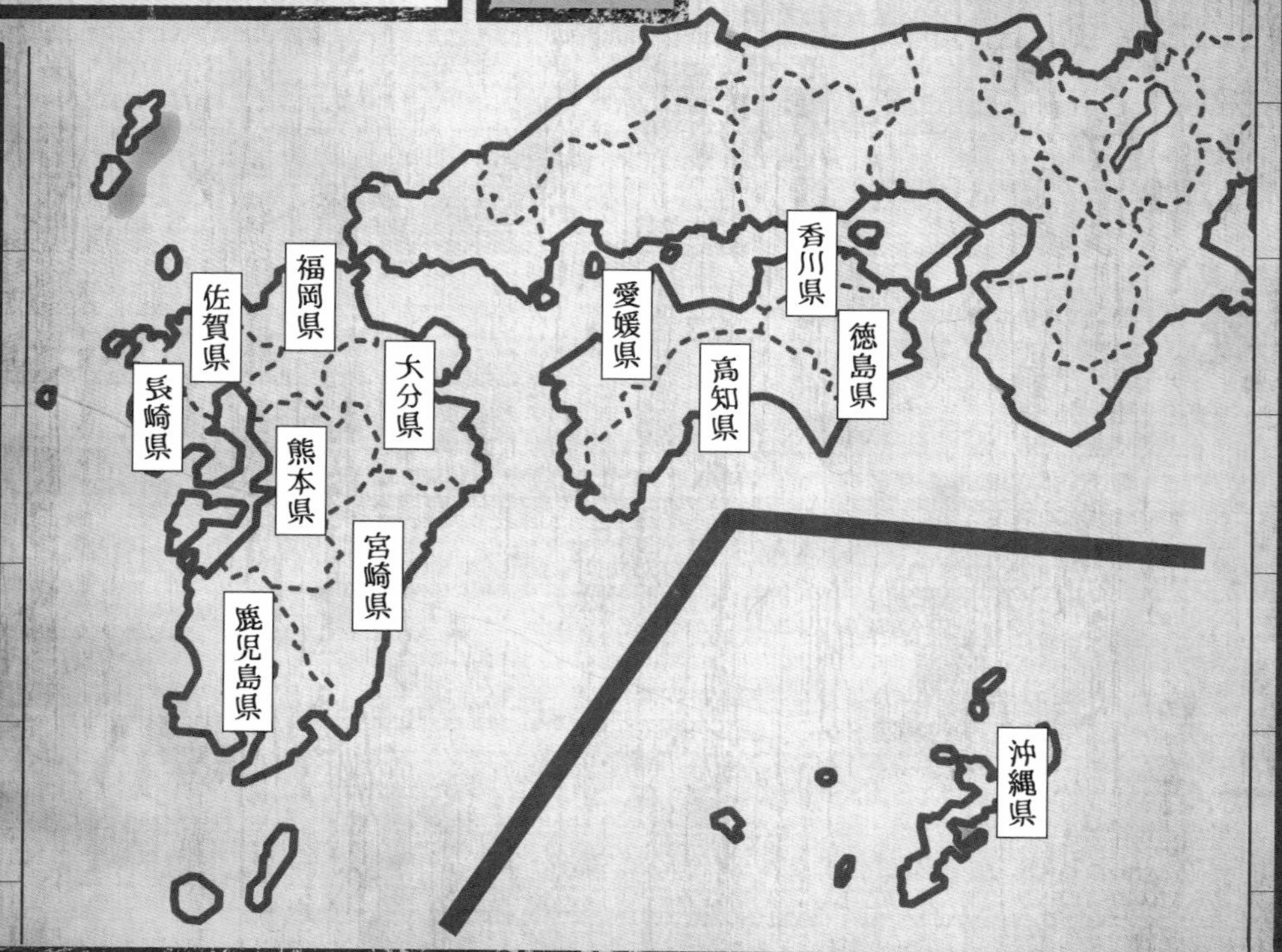

福岡県
佐賀県
長崎県
大分県
熊本県
宮崎県
鹿児島県
愛媛県
香川県
徳島県
高知県
沖縄県

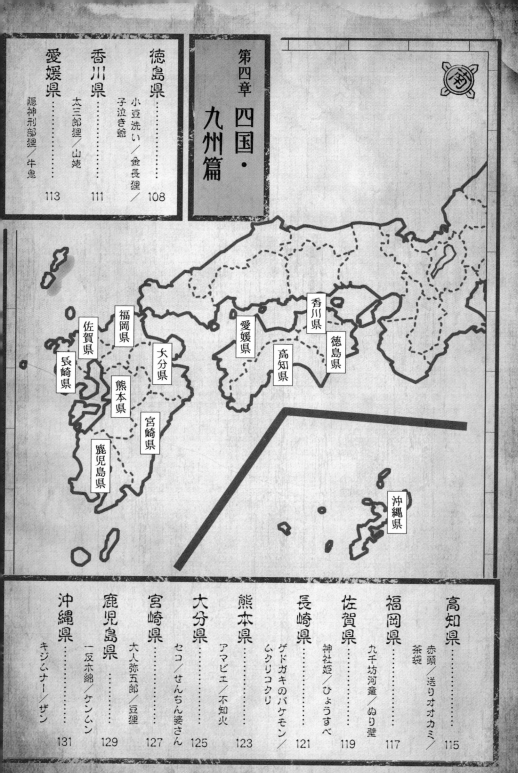

第一章

北日本篇

アッコロカムイ

北海道噴火湾、アイヌ民話の妖怪

北海道

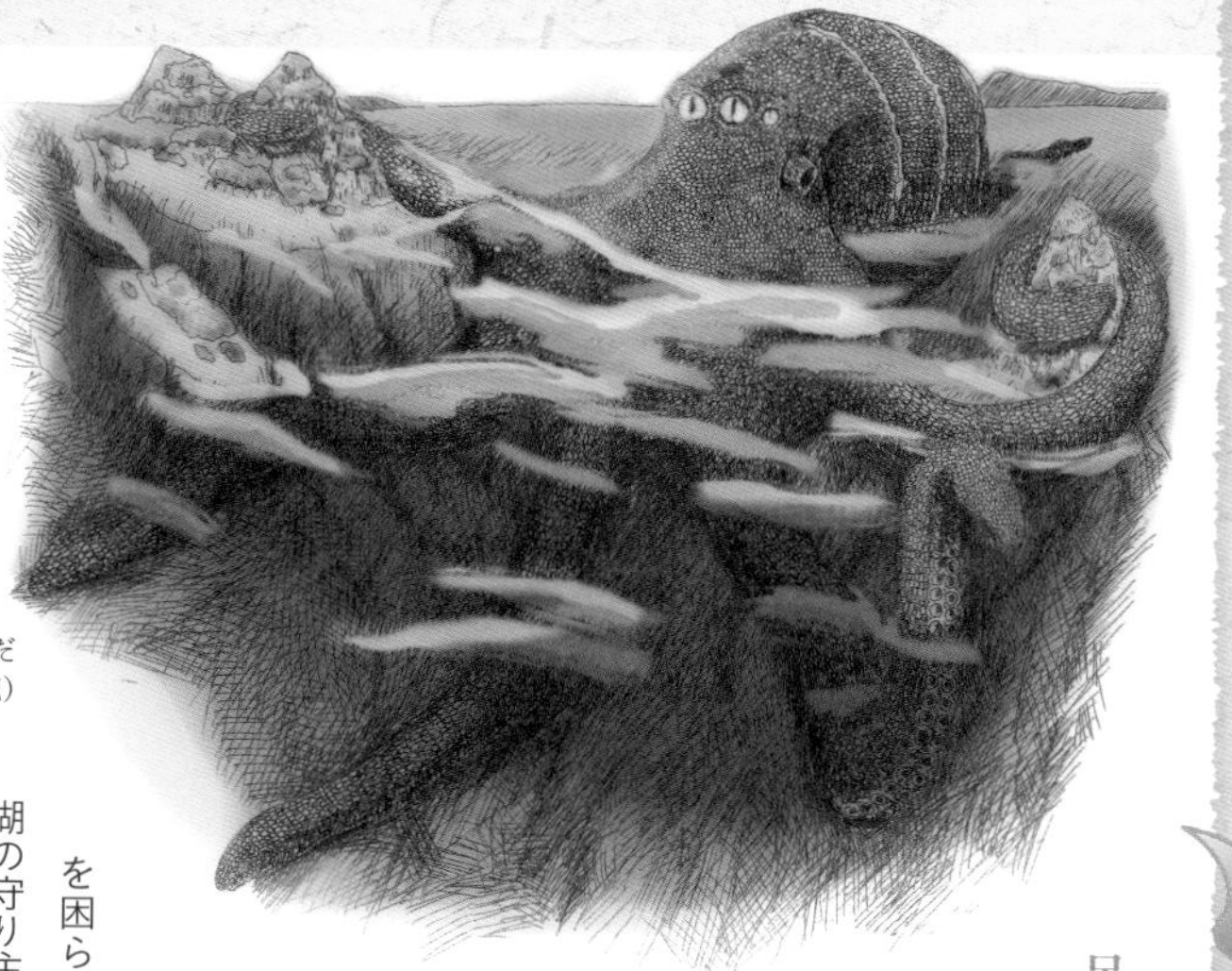

アッコロカムイは、
海をまっ赤に染め
あげる凶暴な大ダコだ
（イラスト：應矢泰紀）

足が6本、体が赤い大ダコの化け物

海面がまっ赤に染まったら、きっとそれはアッコロカムイという大ダコの妖怪だ。漁にでている船を次々に襲っていく。アイヌ民話によると、昔、この妖怪は赤くて大きな6本足のクモだったそうで、家や畑を壊しては人々を困らせていた。そこで洞爺湖の守り主の息子が神に助けを求めると、海神レプンカイが大グモを海に沈め、大ダコに姿を変えさせたという。陸上の被害と比べれば大ダコの凶暴性は減ったけれど、それでも恐ろしさは変わらなかった。

この妖怪の名はアイヌ語で「紐（触手）をもつカムイ」を意味して、漢字では大章魚と書く。ほかにも、ラートシカムイという別の大ダコがいて、片方の羽だけで27・5kmもあるフリーカムイという大鳥と戦った。大鳥は尾羽（アイヌ語で「イシ」）を左右に振る（アイヌ語で「カリ」）反撃をしたので、その戦場が「イシカリ（石狩）」という地名になったといわれている。伝説では、大きないちもつ（おちんちんのこと）をもった男が大鳥を退治したといわれている。

本州の日本海側、若狭湾に「衣蛸」という妖怪がでる。普段は小さいが、いきなり大きく広がって漁船を包み込んでしまうと恐れられた。ところが日本海側にはムラサキダコという「生きている妖怪」がいて、広げると体の十倍にもなりそうな紫色の膜をもつ。運がよければ海岸で見られるが、実物はとても小さい。

『日本山海名産図会』より「越中滑川之大蛸」。牛馬を食らい漁舟を襲う大ダコを、眠ったふりをして退治したという

【噴火湾】
北海道南西部にある湾。火山の噴火が原因で円形のような形をし「噴火湾」と呼ばれたが、実際はそうではなかった。現在では内浦湾（うちうらわん）と呼ばれている。この海で漁師が6本足のタコが獲れると「アッコロカムイの子孫が獲れた」と冗談めかしていう。タコは食べ物がないと自分の足を食べるので、さほど6本足は珍しくない。

オッケルイペ

北海道（旧樺太）、アイヌ民話の妖怪

北海道

正体は黒い狐⁉　おなら妖怪オッケルイペ
（イラスト：蘭陵亭子梅）

オナラをする見えない妖怪

寒さ厳しい冬、みんなが集まり、いろりのそばで火にあたっていると、「ボアッ」という音がして、すごくくさい臭いがあたりにたちこめる。誰が犯人かで大もめになることもあるが、オナラをする妖怪オッケルイペのしわざだ。これをやめさせるには、人間も対抗してオナラをするか、「ボアッ」という音を口でだすと、妖怪を退散させることができる。

オッケルイペはオッケオヤシとも呼ばれ、アイヌ語で「猛烈な屁をする者」「オナラする化け物」という意味がある。樺太の民話に、アイヌの若者に化けたオッケルイペが屁の勢いで船を壊す話がある。数日後、別の船を狙って乗船したが、今度は捕まえられた。すると黒い狐が正体を現したという。

古来、オナラのくささには不思議な力がある。「くさい」という日本語は「奇し」（不思議な力がある、の意）に由来し、臭みで魔物を遠ざけたりできた。沖縄県の妖怪キジムナー（131ページ）も屁をする人間をとても嫌ったという。単純に「クソ（糞）」と叫ぶだけでも魔除けにもなった。強い香りがある「くすの木」にも「薬効」があるため、名前に「くす（薬の意味）」がついた。

イタチや狐も「最後っ屁」を放って消え去るので、妖怪と信じられた。昔はみんながいるなかで急にオナラの匂いがしたとき、民俗学者の南方熊楠によると、「猿の尻ぎんがりこ、猫の尻灰まぶれ、屁ェった子はどこの子でござる、この子でござる」と歌うと犯人がわかるそうだ。

コロポックル

北海道、南千島、樺太ほか、アイヌ民話の妖怪

北海道

松浦武四郎が描いたコロポックル図。函館市文化財より模写
（模写：荒俣 宏）

人との共存をあきらめた悲しい小人

コロボックルともいう。アイヌ語で「蕗の葉の下の人」という意味。人の姿をしているが、伝承によると雨宿りに使った蕗の葉の下に、数十人もいたというので、まるで西洋の物語にでてくる小人の妖精みたいだから妖怪とされている。

コロポックルは竪穴に住み、魚を採って生活していた。同じ土地に住むアイヌの人たちとも仲がよかったようで、稚内宗谷岬あたりのコロポックルは姿を見せることを嫌っていたが、鹿や魚を分けてくれたりもしたという。

すると、ある土地を訪れたアイヌの一族がなにも知らずに一尺ほどの大きさのコロポックルの女を捕まえた。コロポックルたちは押しかけて連れ戻したが、一族は「トカプチ（鮭の焼け焦げるように）」という呪いの言葉をかけられ、年ごろになるとみな若死にし、残った者も川の氾濫で溺死したという。このトカプチが、十勝という地名になった。そうして不仲になったコロポックルは海の彼方へ去ってしまったそうだ。

明治中期に坪井正五郎という自然人類学者が「日本最初の先住民はコロポックルだ」という新説を唱えた。このことにより小金井良精ら学者たちとの間で「コロポックル論争」がはじまる。当時は真剣に討論が行われたが、現在では日本の先住民をアイヌとすることが定説になっている。吉備国（現在の岡山県・広島県）の歴史について記された『吉備叢書第一巻吉備前鑑全』に、吉備にコロポックルが住んでいた遺跡があると書かれている。埼玉県吉見町の吉見百穴も、当時はコロポックルの住居と騒がれた。

【コロボックルとニポポ】
北海道の各地で工芸品としてコロボックルの人形が制作されている。ほかにもコロボックルではないが、北海道網走市の郷土玩具・民芸品に幸福をもたらすというニポポという人形が売られている。アイヌ語で「ニ」は木、「ポポ」は子どもや人形をいい、「小さな木の子ども（人形）」という意味になる。網走刑務所の受刑者が作成したもの。

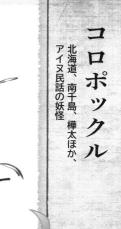

ニタッラサンペ

北海道、アイヌ民話の妖怪

北海道

ニタッラサンペ。不運を呼ぶという球形妖怪
（イラスト：應矢泰紀）

見た目はかわいいが運気が下がる妖怪

茶色っぽくて、直径が約20㎝、もしくは2mともいわれる、マリモのような丸い妖怪。羽が生えているらしいが、転がって進む。アイヌ語で「湿地の苔の心臓」という意味で、これだけ聞けば見てみたくなるが、実際見た人は運気が下がるといわれている。

丸い玉の形をした妖怪の仲間は、日本各地で語られている。いったいどんなタイプの妖怪なのか。縁起が悪いといわれることが多いので、古い山神がみなもとかもしれない。

この丸い妖怪は、本州にもたくさんいる。長野県の八ヶ岳連峰も最北端、諏訪富士の別名をもつ蓼科山《たてしなやま》のビジンサマという妖怪で、黒い雲に包まれ空中を飛ぶ球状の妖怪。両手で抱えられないくらいの大きさで、下に赤や青のビラビラとした紙細工に似たものがついている。木の唸る音をさせて通るという。ビジンサマを見た土地の者は仕事をやめて帰るが、それでも山に入るものには災いが起こるといわれている。このことから山神の類と解釈される。

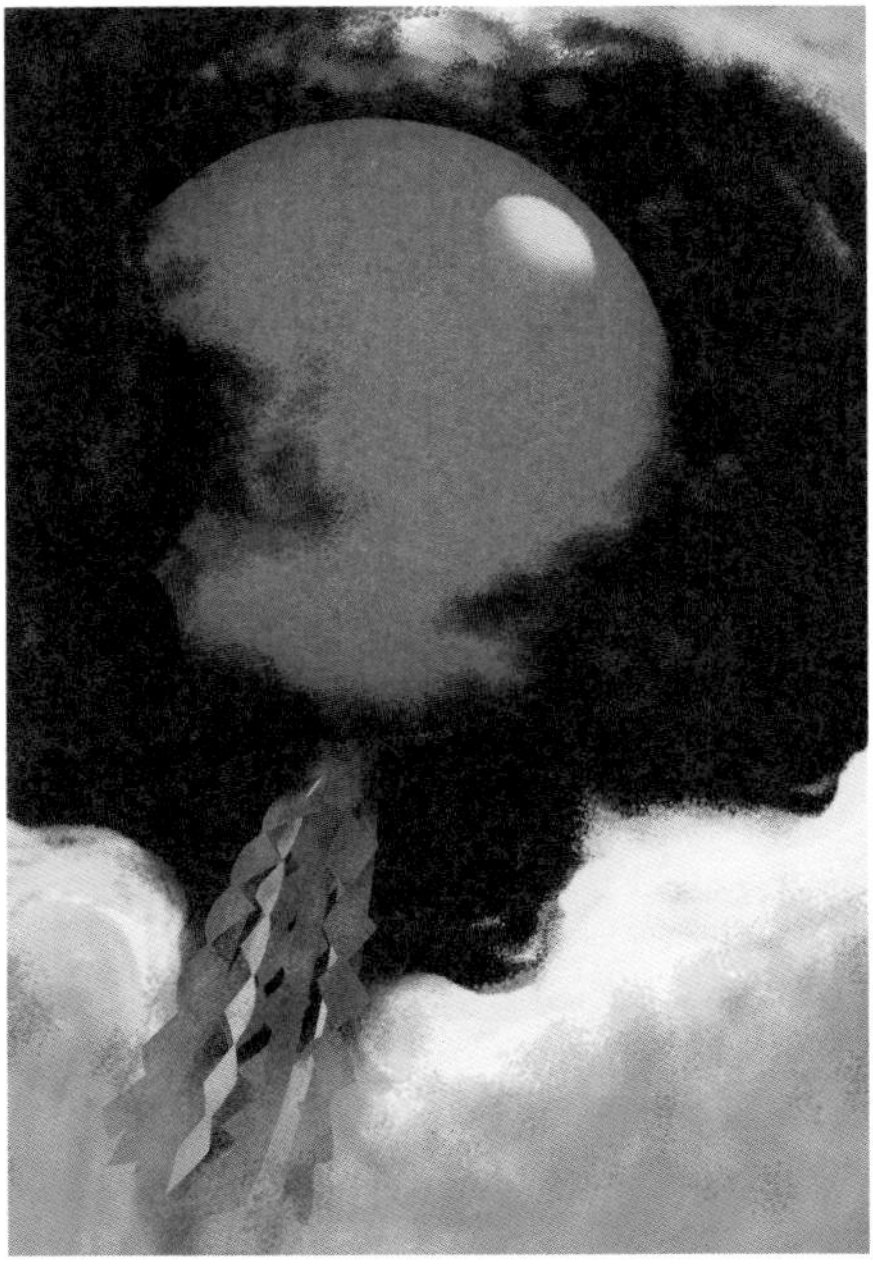

ビジンサマ。もし見かけたら素直に山を下りるのがいちばん
（イラスト：應矢泰紀）

ミントゥチ（ミンツチ）

北海道、アイヌ民話の妖怪

北海道

ミントゥチはヨモギの人形から生まれた
（イラスト：蘭陵亭子梅）

疱瘡神との戦いの末に生まれた河童

アイヌたちの伝承には、ミントゥチ（ミンツチ）と呼ばれる河童が多く登場する。地域によって姿に差があるが、どれもなかなかに凶暴だ。十勝平野にある池田町や本別町の沼のミントゥチは「フンッ」と音をたてる性別不明な老人の姿をしている。体の色は赤い。この河童は海に行きたくなると洪水を引き起こすという。石狩川近くではミントゥチに魚運を上げる力があると信じられ、婿入りさせたという話がある。思惑どおり石狩川では大漁が続いたそうだが、引き換えに河童による水死者もふえたらしい。最終的にこの河童は追いだされたのだが、今度は染退川で人を襲いはじめたというのだから手に負えない。

ミントゥチは、十勝の川に水の神ワッカウシカムイと一緒に天からたくさん下りてきて、あちこちに広がった。このミントゥチは背丈が3歳くらいの子どもで、鎌のような足跡だったという。ほかにもミントゥチがこの世に現れた伝説として、青森県の河童・メドツ（19ページ）に似た、こんな話がある。江戸時代、交易船に乗ってきた疱瘡神《ほうそうがみ》が疫病を広げ、アイヌの人々を苦しめた。祖神・オキクルミがヨモギから人形を作りだし、疱瘡神と戦わせた。疱瘡神は絶滅したが、この戦いで水死した人形がミントゥチになったといわれている。

どの地域かわからないがアイヌの間でヨモギの人形に着物を着せ、病魔を身に引き受けさせ、戸外に捨てる習慣があるという。疱瘡神と戦った人形は、人に感染するはずの病の身代わりにされ、捨てられたことで恐ろしいミントゥチになったのではないだろうか。ミントゥチはヨモギを十字に組んだ人形だったため、なごりで両腕がつながっているという。

【石狩川《いしかりがわ》】
日本で三番目に長い川。アイヌの「イシカラ（屈曲の多い）」という言葉からきたともいわれ、そのため、昔は洪水の多い川だったという。

河女

南津軽郡浪岡町の妖怪

青森県

男を誘惑する美女の妖怪、河女
（イラスト：蘭陵亭子梅）

便を食べはじめたら赤信号、死女の誘惑

夏の夜、十川の釜谷《かまや》橋付近の土手に美しい河女が現れるという。声をかけられ、いい気になって応えてしまった男は、河女に取り憑かれる。こうなると男は急に大飯食らいになり、飯櫃（釜で炊いたお米を入れておく入れ物）を空にするという。それでも空腹はおさまらず、とうとうみずからの便をつかんで食べるようになった。そして夜になり、みなが寝静まると、そっと起きでて河女に逢いに行く。男には手招きしている河女の姿が見えるそうだが、他人には見えない。取り憑かれた男はしまいに、正気を失ってしまうそうだ。

　この女の妖怪は、「牡丹灯籠」のおつゆさんや「四谷怪談」のおいわさんにもつながる。中国では、死女の恋を受け入れると、生気を吸い取られ、やがて衰えて死んでしまうと信じられた。橋の傍らの土手は、死の世界との境界であり、恋を知らずに亡くなった女性の霊が現れるといわれる場所だ。「河女」もそのような死女だったのではないだろうか。

　八戸市には恋にまつわる悲劇の物語が伝わっている。昔、汐入村には美しいと評判のかん子という娘がいた。大勢の男から求婚を迫られたが、かん子には心に決めた男がいたのですべて断った。しかし逆上した男たちは腹いせにかん子を新井田川に生き埋めにしてしまった。その後、現れた怪火をスウリカンコ（汐入村のかん子）と呼ぶようになった。

【かん子に関する情報】

青森県八戸市大字新井田岩淵にかん子を弔う「かん子稲荷神社」があり、神霊かん子之碑が建てられている。また、青森県八戸市大字新井田塩入にある住吉神社には「かん子観音像」が納められている。子どもともども夫に川へ突き落とされ、溺死し、逆さに葬られたという岩淵かん子の亡霊の話も伝わっている。

手長婆は山から手を伸ばし海の貝を採っていたという（イラスト：斎藤 猛）

手《て》長《なが》婆《ばばあ》

三戸郡田子町の妖怪

青森県

なんにでも手が届く、巨大老婆

三戸郡田子町《たっこまち》の貝守ヶ岳という山に伝わる巨大な老婆の妖怪。空腹になるとなんと八戸の海まで腕を伸ばし、貝を採って食べていたという。田子町から八戸市までは約40ｋｍあり、腕の長さはそれ以上だったと考えられる。今もこの山には、手なが婆の食べたあとの貝殻がたくさん落ちている。田子町には手なが婆以外に、足長の大男の伝説も伝わっている。夫婦なのかは不明だが、ヤマタノオロチの生贄だったクシナダヒメの両親のアシナヅチノミコト（足名椎命）とテナヅチノミコト（手名椎命）の夫婦神を思い浮かべる。手や足が長かったわけではないが、手が女、足が男という共通性もうかがえる。

このほかにも手の長い巨大神の言い伝えが福島県と宮城県の境にある鹿狼山にあり、現在も手長大明神が祀られている。空腹になると海まで手を伸ばして貝を採り食べたといい、その痕跡が今の小川貝塚、別名新地貝塚に残されている。

秋田県の鳥海山に住んでいた「手長足長」は、山から山に手足が届くほど巨大で、貝ではなく旅人を伸ばした手でさらって食べていた。船も襲ったりしていたらしく、「手長足長」のなかには凶暴なものもいたようだ。ただし、巨人という意味からすると、足跡が池になったというダイダラボッチとの共通性もある。

ちなみに巨人として伝承されているこれらの仲間は、中国の地理書『山海経』や、類書『三才図会』には異国人物として「足長手長」を紹介しており、日本に伝わって妖怪となった。余談だが、安政2（1855）年、江戸・浅草奥山で「外異国人物」の姿として手長足長の生人形《いきにんぎょう》が見世物として評判になり、歌川国芳によって『浅草奥山生人形』が描かれた。

中国の書『三才図会』に神仙として描かれた図

【手名椎命と足名椎命の像】

岐阜県高山市で春に開催される高山祭に恵比須台という屋台がある。屋台後方に谷口与鹿の手長足長（足長手長の像は、アシナヅチノミコト（足名椎命）とテナヅチノミコト（手名椎命））の彫刻があり、同市にある鍛治橋にこの彫刻が据えられている。

メドツ（メンツ）

八戸市、江戸時代の妖怪

青森県

水虎の仲間をモデルに、手が長く伸びる特長を示す（イラスト：荒俣宏）

捨てられた「柱」から生まれた河童

八戸市に伝わる人を襲う恐ろしい河童がいる。猿のような顔で体は黒く、背格好は子どもくらいといわれている。人に化ける能力を使って水辺へ人を誘い、おぼれさせようと水中に引きずり込むという。

櫛引八幡宮に伝わる伝承によると、江戸の名工・左甚五郎が八幡宮の柱にヌキ（柱と柱の間に通してつなぐ部材）を通したときに、間違いに気づいて切り落とした。そのまま捨てられそうになった柱は口をきき、甚五郎に文句をつけたが、「尻でも食らえ」と言い返され、河に捨てられた。その後柱は河童になり、メドツと呼ばれるようになった。柱にヌキを通したなごりから、メドツの両腕はつながっていて、片方の腕を引っ張るともう片方は引っ込むという。メドツはその後、甚五郎に言われたとおり、人や馬の尻を狙うようになった。

あまりの悪行を見逃せなくなった八幡の神が注意したが、メドツは従わなかった。そこで、八幡の使いの鷹がメドツの頭を突き、降参したときにはメドツの頭に毛がなくなっていたという。

人形から妖怪になった話はほかにもある。静岡県に波小僧という親指大の小さな妖怪がいる。奈良時代仏教の布教や東大寺の大仏造りに貢献したことで知られる行基は、母親のために作った藁人形に田植えをさせていた。藁人形はその後、人の役に立つようにと行基に言われ、久留女木川（都田川の旧称）に流された。藁人形は遠州灘に流れ猟師の網にかかってしまったが、救ってくれれば波の音で天気と告げると約束した。その後、波の音は地鳴りに似た音になり、漁師たちは波の響きを聞き分けて天気を知ることができるようになった。

【メドツの彫刻】

櫛引八幡宮の本殿の脇障子に鷹が彫られているが、足の下に観念したメドツが彫られている。櫛引八幡宮の近くの川沿いにはメドツ河原というところがある。

寒戸《さむと》の婆《ばば》

岩手県上閉伊郡松崎村（現：遠野市）の妖怪

岩手県

神隠しの少女、老婆になって戻る

「神隠し」という言葉がある。ある日、なんの前触れもなく人が忽然と消え失せてしまうことをいうが、寒戸の婆は神隠しという怪異から戻ってきた女だ。

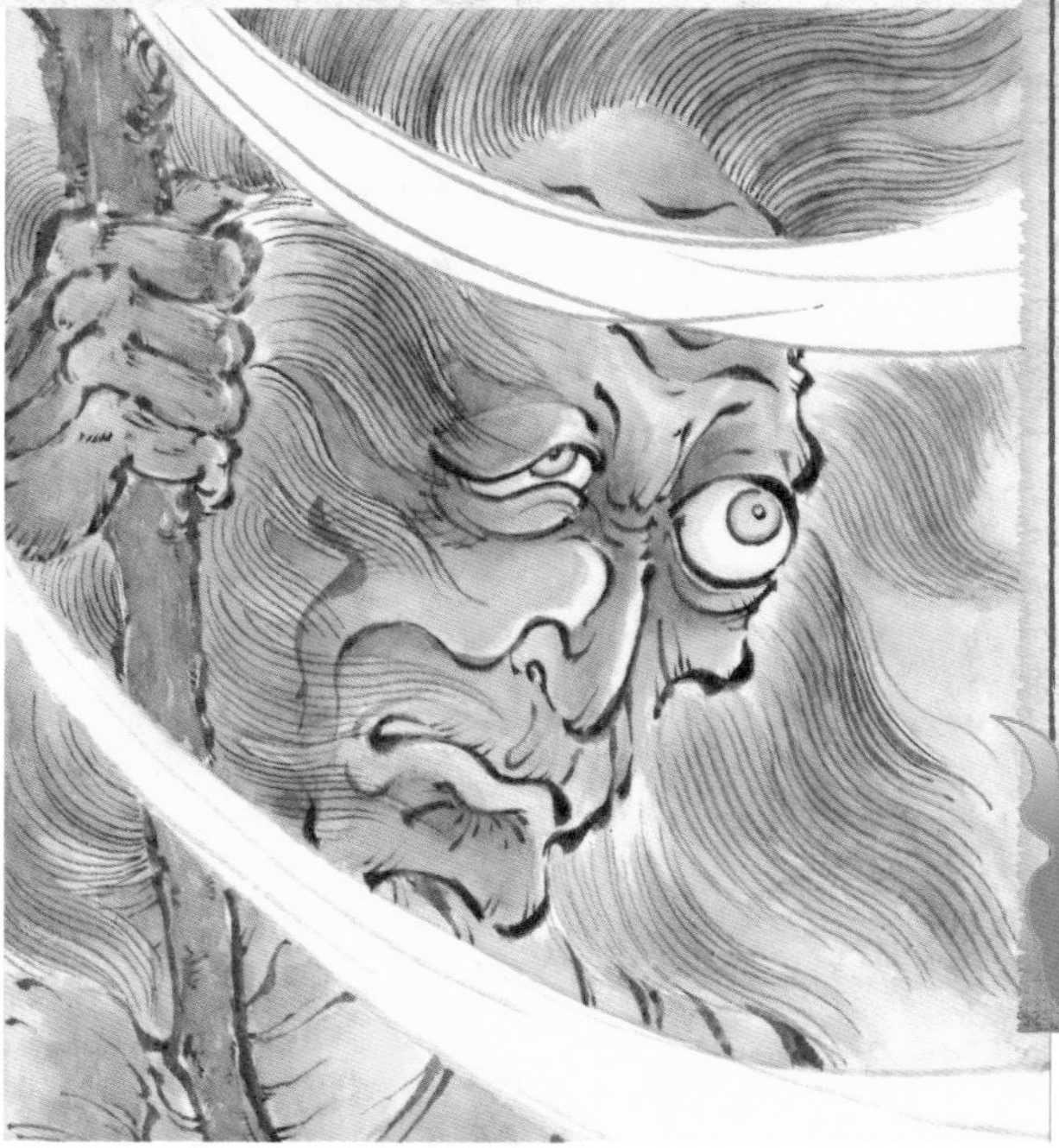

寒戸の婆はどこへ帰るのだろうか？（イラスト：蘭陵亭子梅）

岩手県上閉伊郡松崎村（現：遠野市）の寒戸《さむと》というところで、若い娘が梨の木の下に草履を投げ捨て、神隠しにあった。しかしそれから三十年くらいが過ぎてから、家にその女が年老いて帰ってきた。みなに会いたくて帰ってきたというのだが、また戻らなければならないといって、去っていってしまった。風の激しい日だったことから、遠野の人々は「今日は寒戸の婆が帰ってきそうな日だ」と話すという。

寒戸の婆の行き先が追いかけても見つからないところから、人が踏み入れることのできない領域へ、特殊な方法で帰ったと考えられる。神隠しのあった先で寒戸の婆は妖怪化し、人とは一緒に住めなくなったのではないだろうか。

沖縄には神隠しを物隠しといい、一度いなくなった者がまた家に櫛《くし》を取りに戻ってくるという。その者はまたいなくなり、それっきり帰ってこないという。そのため家の者は櫛が見つからないようにしたりする。締め切った部屋からいつの間にかもちだされるというのだから、最初にいなくなって以降にその者が妖力を手に入れたことになる。

和歌山県田辺市では神隠しの子どもを捜すのに、櫛の歯を折り、枡の尻を掻いて、変な音をたてるとよいという。櫛とはもともと別れ招くといわれた道具だ。寒戸の婆も実は別れを招く櫛を取りに帰っていたのではないだろうか。そして家族も、櫛の歯を折れば別れはおとずれないのかもしれない。

【登戸橋】

松崎村には寒戸という土地はなく、登戸（のぼと）のあやまりではと考えられている。現在は登戸橋に観光名所として石碑が建っている。

座敷童子

岩手県ほかに現れた妖怪

岩手県

座敷童子は見た目は子どもだが、りっぱな妖怪だ（イラスト：蘭陵亭子梅）

家に住み着いてくれるかは、あなたの素行次第

東北を中心に伝わる、家に住み着く妖怪。3歳から6歳、地域によっては12歳くらいの男女の子ども姿で語られている。髪はおかっぱ、複数で行動することもある。音をたてて遊んだり寝ている人を起こしたりなどいたずらが好きで、度々人を困らせることもあるが、座敷童子の住む家には幸運がもたらされるという。ただしそれは座敷童子がいる間のことで、いなくなってしまうと、とたんに没落するともいわれる。

岩手県二戸市にある緑風荘には、南北朝時代にさかのぼる座敷童子にまつわる話がある。後醍醐天皇に仕えていた藤原朝臣藤房（万里小路藤房）は、南朝の敗北後、足利軍に追われ、現在の岩手県二戸市にたどり着いた。道中、当時6歳だった亀麿が病で倒れる際、「末代まで家を守り続ける」と言って息を引き取った。その後、座敷童子（守り神）となって、緑風荘の奥座敷「槐《えんじゅ》の間」に現れるようになったといい、今でも宿泊者の間で目撃者が絶えない。

岩手出身の作家・宮沢賢治は、座敷童子に関心をもったもっとも古い研究者の一人。童話「ざしき童子（ぼっこ）のはなし」では、座敷童子が北上川の朗妙寺《ろうみょうじ》の淵を超えると、もといた笹田がおちぶれ、次の更木の斎藤では病気もすっかり直り、息子も大学を終え、めきめきりっぱになったとある。座敷童子が家から家に渡っていくことがおもしろい。

座敷童子に似た妖怪に「倉ぼっこ」がいる。遠野地方に伝えられる倉の守り神で、倉ぼっこが倉から離れると家運がかたむくといわれる。江戸時代、本所に住む梅原宗得の土蔵に倉ぼっこが住み着いた。近所で火災が起こったとき、顔が見えないくらい髪を長く垂らした女の子が、倉から荷物を運びだしたという。

【座敷童子のいる神社】

花巻市にある早池峰神社（はやちねじんじゃ）では、気に入った参拝者に座敷童子が家まで着いてくるといわれ、毎年4月末「座敷わらし祈願祭」が行われている。京都市にある若一神社（にゃくいちじんじゃ）では、平清盛の出世に一役かったと噂される座敷童子がたくさんいるという。ここでは座敷童子のお守り(写真)を授かることができる。

米《よね》川《かわ》の水かぶり

宮城県登米市の古い来訪神行事

宮城県

東北の来訪神たち。左が米川の水かぶり、右が男鹿のナマハゲ（イラスト：荒俣 宏）

世界無形遺産になった「マレビト」

東和町米川地区で毎年2月の初午の日にでてくる来訪神・水かぶり。藁でできた「あたま」と「わっか」を頭に被り、火の神様の印であるかまどのすすが顔に塗られている。腰と肩には「しめなわ」が巻かれ、足にわらじを履いている。水かぶりは奇声をあげて各家庭の屋根に向かってバケツや桶の水をかけながら町を練り歩く。

定められた時期に異界から来訪する霊的もしくは神の本質的存在を、「マレビト」と呼ぶ。とくに新年や季節の切れ目に人間界を訪れることが多い。大騒ぎして人々を驚かせるので、村々で手厚くもてなしをし、満足させてもとの異界に帰ってもらうのがならわしだ。そのかわり、村にはマレビトが置いていった縁起物が残り、新しい年が幸福なものになる。この地域ではマレビトがまとった「しめなわ」から藁を抜き取り、火伏せのお守りにする。

　登米市ではほかにも鐘を鳴らす墨染僧衣のひょっとこ（火男）と天秤棒に手桶を担いだおかめが、家々を訪れ、ご祝儀をいただく。これもマレビトへの「おもてなし」だ。ハロウィンでお化けに化けた子どもたちが「お菓子をくれなきゃ、いたずらしちゃうぞ」と叫ぶのとまったく同じ行事なのだ。このような定期的に起きる「異界との接触」がのちに妖怪を誕生させるみなもととなり、その一方で神様として村に常住するようにもなったと思われる。

ユネスコ無形文化遺産に登録された「来訪神　仮面・仮装の神々」（２０１８年）

吉浜《よしはま》のスネカ（岩手県大船渡市）
男鹿《おが》のナマハゲ（秋田県男鹿市）
遊佐《ゆざ》の小正月行事（山形県遊佐市）
能登《のと》のアマメハギ（石川県輪島市・能登町）
米川《よねかわ》の水かぶり（宮城県登米市）
見島《みしま》のカセドリ（佐賀県佐賀市）
薩摩硫黄島《さつまいおうじま》のメンドン（鹿児島県三島村）
悪石島《あくせきじま》のボゼ（鹿児島県十島村）
甑島《こしきじま》のトシドン（鹿児島県薩摩川内市）
宮古島《みやこじま》のパーントゥ（沖縄県宮古島市）

【来訪神】
特定の時期に姿を現す神。来訪神は五穀豊穣や健康をもたらし、怠け者は罰するという共通点がある。神と書かれるが、実際は神よりも古い「なにか」であり、言葉を発さず音で話したり、顔に泥を塗ったりなど顔すらも見せない「異界のお方」だ。このような来訪神の文化が、クリスマスと共通している国がある。ドイツやオーストリアの一部では、クリスマスに近い時期になると、よい子どもにはサンタである聖ニコラウスがプレゼントを配り、悪い子どもにはクランプスという醜い顔の怪物、もしくは黒いサンタといわれる化け物クネヒト・ループレヒトが罰を与えにくる。

おとろし

出羽国雄勝郡稲庭郷澤口村（現在の秋田県湯沢市稲庭町）、江戸時代の妖怪

秋田県

おどろおどろしい？　妖怪おとろし
（イラスト：蘭陵亭子梅）

鳥居の上に乗る謎の妖怪

ぼさぼさの長い毛が全身を覆い、巨大な顔の中央に前髪が垂れさがる。大きな口からは鋭い牙をのぞかせ、かぎ爪も見える。その名のとおりおどろおどろしい姿の妖怪。まるで人のいない獅子舞のような姿に見えなくもない。江戸時代の旅行家、博物学者である菅江真澄の『雪の出羽路』には、おとろしという妖怪が出羽国雄勝郡稲庭郷澤口村の「さへの神坂」に出没すると書かれている。

また秋田藩士によるものと考えられる『久保田城下百物語』は、侍を妖怪たちが驚かそうとする物語だ。招集のかかる妖怪のなかに一見人間のようだが、異常に頭の大きい「長野板檜山屋敷のおどろし」が描かれている。古来日本では「シシ」とは獣を指す言葉だった。江戸時代に描かれた妖怪絵巻『化け物尽し絵巻』（福岡県立美術館寄託）には「おとろし」は「ししこり」と記され、詞書によれば、牛馬をひと呑みする恐ろしい化け物だった。鳥山石燕の『画図百鬼夜行』に描かれたおとろしは鳥居の上にいて、鳩を握っている様子が描かれている。この妖怪がどのような妖怪なのかの説明はなく、研究者の間でなにを現した絵なのか議論を深めている。

【さへの神坂】
『雪の出羽路雄勝郡』によると、おとろし以外にぬらりひょん、野槌などが百鬼夜行するとある。化物坂ともいう。現在の秋田県湯沢市稲庭町周辺だといわれている。

【おどろ】
藪といった草木が茂っているところをおどろといい、髪などが乱れている様子を棘（おどろ）髪と表現することがある。ぼさぼさ髪が特徴の「おとろし」と関係するのだろうか。

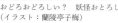

雷獣《らいじゅう》

秋田県ほか、日本各地に出没した妖怪

秋田県

伝承によってはハサミがあるという。タヌキやイタチのような姿とも
（イラスト：斎藤 猛）

なかなかいける味だったかもしれない？　雷獣

落雷があった付近で発見される謎の獣。正体がつかめず江戸時代の博物学者が興味をそそられたか河童や人魚に続く「未確認動物」の1つ。雷獣はあちらこちらで発見記録が残されている。雷獣は前足が2本、後ろ足が4本、尻尾は二股だという話や、後ろ足には水掻きがあるなど目撃例はさまざまだ。雷とともに雲から落ちてくると考えられ、自分の力で戻れる雲を見つけると、なんと飛び乗って戻るともいわれている。松浦静山の随筆『甲子夜話』によれば、秋田県に現れた雷獣は猫のような形だったという。うろうろしていた雷獣を気性のあらい男が捕まえて煮て食べたが、とくに無害だったという。

滋賀県東近江市には富士神社がある。昔このあたりでは雷獣の被害が大きく、修験者の指示の下、赤黒く犬に似た雷獣を捕まえることに成功した。雷獣は封じ込まれ、富士神社（「封じる」と富士をかけたシャレ）が建てられた。

岩や木の根元、または古い建物などに住む生き物にテンというネコ目の動物がいる。雷雨のなか走り回ったり、落雷した木の下で死骸が見つかったりしたことから、テンが雷獣というイメージを作りだしたという話もある。目撃例に毛が黒いという共通点は落雷によるものかもしれない。

北斎漫画に描かれた「テン」

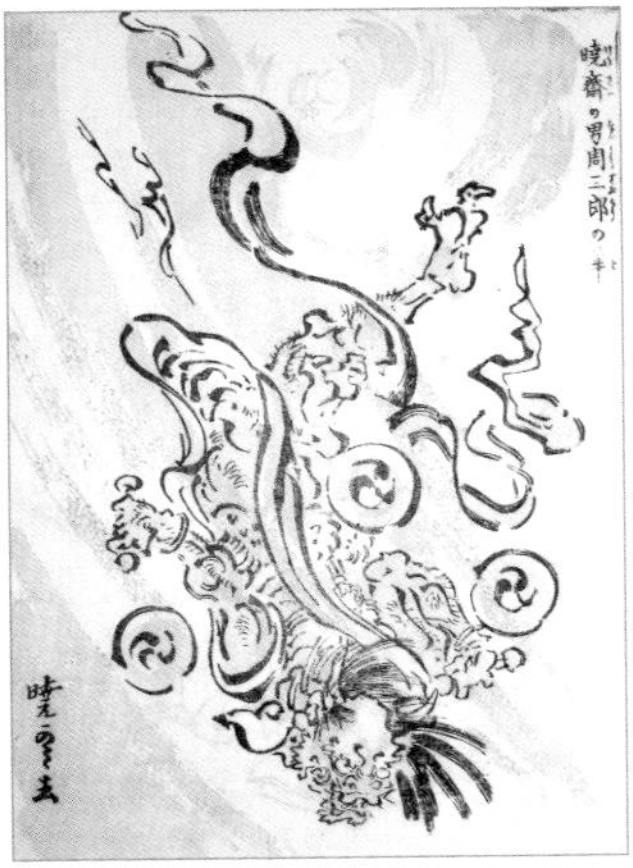

河鍋暁斎『暁斎画談』より。雷の妖怪化

隅《すみ》の婆《ば》様《さま》

米沢地方など、江戸時代の怪異

山形県

気がついてないだけで本当は
近くにいる？　隅の婆様の怪
（イラスト：寝猫）

肝試しにつながるゲーム系の怪異

ひとり、ふたり、と人数を数えていくと、最初の人数より一人多い、という怪奇現象は今でも都市伝説で語られている。

江戸時代の米沢地方などでは、いつの間にか隅の婆様という妖怪が人の集団に交じるという実践式の肝試しがある。座敷などに四人集まり、部屋の隅に分かれたあと灯りを消す。暗闇のなか、全員が中央に這いでて、互いに頭を「一隅の婆様、二隅の婆様」と手探りで数えていくと、一人多い「五隅目の婆様」が現れるという。

現代の都市伝説にも「隅の婆様」に似た「スクエア」という話がある。灯りのない山小屋で凍えそうな4人が眠らないようにするために妙案を思いついた。部屋の四隅にそれぞれが立ち、1人目が次の隅に移動し仲間にタッチすると、その者は次の隅に移動し、同じようにタッチする。これを繰り返したおかげで無事朝を迎えた。しかしこの動作には5人必要で、同じ山小屋に運ばれたが凍死した5人目が、仲間に加わったのではといわれている。

ゲームの形式をとる霊おろしとして有名なのが「コックリさん」だ。昭和の時代に子どもの間ではやった一種の降霊術だ。探し物やクラスメイトの秘密など質問すればコックリさんが教えてくれる。方法は紙の上段中央に鳥居を現す図形を描き、左右に「はい」「いいえ」の文字を書きこむ。あとは空いた空間に右から縦書きで50音を5字ずつ「あいうえお」「かきくけこ」と順に書き入れていけば、あとは10円玉を用意して準備完了だ。参加者全員が人差し指で抑え、「コックリさん、コックリさん、お願いです。ここへ来て質問に答えてください。来たら「はい」へ動いてください」と口にだして唱える。10円玉が「はい」へ動けばコックリさんがやってきて返答したことになる。あとは好きに質問し、答えてもらえばいい。

注意点は2つ。1つは終了するまで10円玉を離してはいけない。二つ目は、終了にはコックリさんの同意が必要だということ。もとの鳥居に10円が戻れば無事終了となる。そうでなければ、まだ続けなければならない。発生源は海外のウィジャボードという降霊術に使われた「霊と対話する用具」を簡易にしたものと考えられる。

ウィジャボード
(写真：應矢泰紀)

19世紀ごろに流行したテーブル・ターニングと呼ばれる降霊術。霊に問いかけるとテーブルが動く

亀《かめ》姫《ひめ》

猪苗代城（亀ケ城）、1640年（寛永17年）に出現した妖怪

福島県

姫妖怪の姉妹・残忍な妹

猪苗代城（亀ヶ城）に住む妖怪で、どのような姿かわかっていないが姫路城の刑部姫の妹といわれている。

城代を務める堀部主膳は、目の前に現れた子どもに、城主への挨拶がないことを咎められた。なんのことかと相手にしないでいると「姫路の刑部姫（86ページ）と猪苗代の亀姫を知らないのか？　お前の命運はすでに尽きた」と嘲笑し、姿を消してしまった。しばらくして堀部主膳は便所で倒れ、その後死んだという。亀姫は姉・刑部姫への土産に男の生首を持参する、といわれている。そうとう残忍な姫様のようだ。

城に住む姫妖怪はまるで日常の暮らしに飽きてしまったのだろうか、人の死をもてあそんでいるかのようだ。和歌山県新宮市にあった新宮城（丹鶴城）趾に現れる緋の袴の姿の丹鶴姫《たんかくひめ》は、夕方子どもが一人で歩いていると、扇で招いてくる。また丹鶴姫の使いの黒い兎は、子どもの前をひょいと横切ることがある。丹鶴姫や使いに会った子どもは、翌朝死んでいるという。夜中に魂を取りにきたというのか、実際はわからない。丹鶴姫は源為義の娘で、実在した人物。同市には丹鶴姫之碑が建てられている。

城にまつわる妖怪の物語はたくさんあり、次は悲しい話になる。

慶長16（1611）年、現在の島根県松江市殿町に松江城が築城された。この城の工事が難航した際、美しい娘を無理やりさらって、生きたまま人柱にしたのだが、その後、娘の怨念による呪いか、築城に関わった者や城主などが次々死んでいった。のちの城主になった松平直政は天守の最上階で娘の亡霊と出会った。直政が何者かと聞いたところ、亡霊は「この城の主です」と答えた。直政が宍道湖で獲れたコノシロという魚を供えたところ、亡霊は現れなくなったという。ちなみに松江城下で盆踊りが行われたときに、大地震が起こり、それ以後この行事は禁止された。娘は盆踊りが上手と評判だったという。

【猪苗代城（いなわしろじょう）】
幕末に起こった戊辰戦争により焼失してしまい、現在は整備されて公園になっているが、城跡は残っている。

【丹鶴姫之碑】
和歌山県新宮市新宮にある石碑。綺麗に手入れされた木々に囲まれている。

亀姫は残忍で知られる姫妖怪だ
（イラスト：蘭陵亭子梅）

船《ふな》幽《ゆう》霊《れい》・いなだ貸せ

福島県田村地方ほか全国の妖怪

福島県

地方によって呼び名が変わる海の妖怪（イラスト：蘭陵亭子梅）

「柄杓《いなだ》くれ」海で死んだ亡者の群れ

海難事故の水死者の霊を船幽霊という。海上に死者が着る白装束で現れ、生者が乗る船に集まり、柄杓《いなだ》（ひしゃくのこと）を貸せという。もしここで言われたとおり柄杓を貸してしまうと、船幽霊は海水を掬い上げ船に流し込み、やがて船は沈み、船員も溺死する。死んだ船員はやがて、船幽霊の仲間となり、新たな生者を探しさまようのだ。

この船幽霊と遭遇したときの対処法は、柄杓を求めてきたときに底のない柄杓を船幽霊に与えることだ。いつまで経っても海水が掬えないので、やがて諦めて消えていく。

福島県沿岸に現れた「いなだ貸せ」を例に紹介したが、この種類の船幽霊は全国で出現しており、地域によって「柄杓」の呼び方が異なったりするので、自然と呼び名も変わった。たとえば京丹後市「ジャクシクレ」、島根県隠岐郡都万村（現・隠岐の島町）では「ムラサ」という。

千葉県銚子市、海上郡（現・旭市）では、呼び名こそ違えど、霧の深い日や時化《しけ》の日に亡霊ヤッサ（もうれんやっさ）と呼ばれる船幽霊が現れる。「モウレン、ヤッサ、いなが（柄杓）貸せえ」と声をあげて漁船に近づいてくる。モウレンとは亡霊の意味で、ヤッサとは船をこぐときの掛け声。山口県、関門海峡の壇ノ浦・和布刈間（早鞆）の沖に、壇ノ浦の戦いで滅びた平家一門の死霊が白装束や甲冑姿の船幽霊になって現れるという。

第二章

関東篇

アヤカシ・イクチ

茨城県の沖、江戸時代の妖怪

茨城県

船をまたぎ越すのは
3時間の巨体

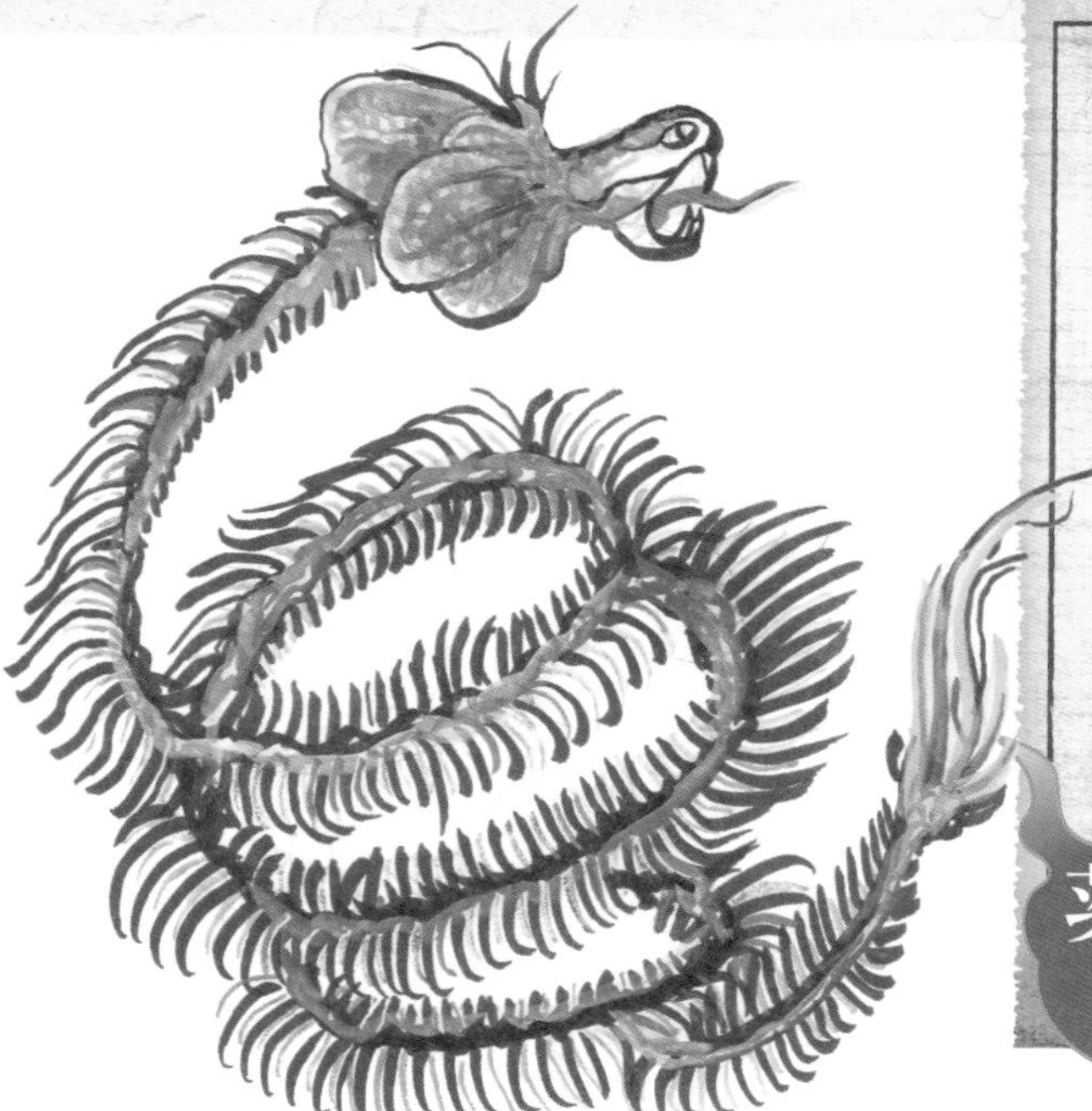

巨大なウミヘビの伝承は西洋に多く、シーサーペントと呼ばれる（イラスト：荒俣宏）

体長が数kmにもおよぶ巨大なウミヘビ状の妖怪。表面はぬるぬるしたウナギのようだという。茨城県の沖にいて船を見つけると接近し、何度もうねりでては、船をまたいで海に潜る。体長が異常に長いため、尻尾が船をまたぎ終えるまでに3時間弱かかるという。ときどき船に乗りあがって、船を沈めてしまう。体からは粘着質の油が染みだし、船をまたぐたびに大量に放出していく。船乗りたちは布海苔のように粘る油で自由がきかないなか、これを必死に汲み取って捨てなければならない。

イクチが夜に出現する妖怪なので、船員ははっきりイクチを見た者がいない。鳥山石燕は『今昔百鬼拾遺』のなかで「いくち」を「あやかし」と紹介している。あやかしとは「こわがらせ惑わす」という怪異現象を意味したようだ。

また、宮城県にジンベイサマという大きくて長い海の妖怪がいる。こちらは金華山沖にもし現れたなら、鰹が大漁になるという。名前や特徴から、ジンベエザメを思い浮かべるが、実際、ジンベエザメや鯨は後ろにたくさんの魚を引き連れてくる。

1877年にアメリカ帆船がオーストラリアの航海中に出会った怪物

滝夜叉姫

下総国、平安時代の妖女

茨城県

鬼女と化した滝夜叉姫は骸骨を使役した
（イラスト：蘭陵亭子梅）

骸骨を使役する平将門の娘

　滝夜叉姫は華麗で勇壮な姫の姿をしているが、人の力を超え、妖怪たちを使役する怖るべき妖術使いである。平将門の死後、娘の五月姫は、京都の貴船神社で丑の刻参りを行い、荒御霊のお告げにより妖術使い・滝夜叉姫になった。

　滝夜叉姫は故郷・下総国にある平清盛の残した相馬の城に戻り、夜叉丸や蜘蛛丸ら兵を整え、父親の敵である朝廷への反乱をくわだてた。しかし、朝廷は先手を打ち、滝夜叉姫成敗の勅命を、陰陽師の大宅中将光圀（通称太郎）と山城光成らに命じていた。相馬の城の内裏に追い詰められた滝夜叉姫は、ドクロの化け物を呼びだし応戦した。激闘の末、滝夜叉姫は敗れ、将門のもとへ昇天したか、または尼寺に入り生涯を過ごしたといわれている。

　この戦いを描いた歌川国芳の『相馬の古内裏』は、精密に書かれた巨大ドクロの作品として世に知られている。物語では滝夜叉姫の呼びだしたドクロは巨大ではなかったのだが、のちに「がしゃどくろ」という妖怪に結びつけられた。

　歌舞伎「忍夜恋曲者」では、如月と名を変えた滝夜叉姫が、父・平将門の無念をはらすため妖術師となり、朝廷を相手取って戦う。復讐をつらぬこうとする滝夜叉姫。だが、その正体に気づいたのが、将門とともに反乱を起こした藤原純友の征伐に怖気づいて家名を汚した大宅左衛門光雅の子、太郎だった、というストーリーである。滝夜叉はこの太郎に討たれる。

【滝夜叉姫の墓】
茨城県つくば市松塚、東福寺から西へ２００ｍ離れた畑の中にある小さな塚で、東福寺周辺では「滝夜盛姫」と言い伝えられているという。

【貴船明神】
京都府京都市左京区鞍馬貴船町。全国に約４５０社ある貴船神社の総本社。女性が恨みを晴らすため「丑の刻参り」を行うことで妖力を授かるという逸話が残る。「宇治の橋姫」が鬼女となったのも起因している。

禰々子《ねねこ》

茨城県北相馬郡利根町加納新田、
江戸時代の妖怪

茨城県

反省して心を入れ替えた河童、禰々子
（イラスト：蘭陵亭子梅）

神様になった女河童

河童の女親分であり、祢々子河童、弥々子河童《ねねこがっぱ》とも呼ばれる。姿は一見すると一般的に知られる河童だが、頭部の皿から肩に伸びる髪の量が多い。

利根川上流の片品川に住み、機嫌が悪いと下流の利根川にきて堤を崩して田畑を浸水させたり、子分たちを率いて川へ引き込み、溺死させるという。茨城県北相馬郡利根町加納新田の、江戸時代の川奉行・加納の祖先で加納久右衛門という美濃国岐阜町出身の人が、寛文年間に新田開発を手掛けた折、禰々子を生け捕った。しかし、許しを請う禰々子の心に感じて、今までの罪を許してやったという。加納家の屋敷では禰々子を祀り、縁結び、安産、金儲けなどにご利益のある神としたそうだ。その一族が今も同地に健在だ。

この河童伝説は、安政２（１８５５）年、赤松宗旦によって書かれた「利根川図志」に図入りで紹介されている。宗旦は本の中で「子ゝコ」と表記しており、その居場所は点々とするのだが、一度住み着いたところには、かならず災いが起きたとある。

ほかの地域にも「ネネ」の名のつく河童の伝承があるが、ねーねーと泣く虫の化け物の話もあるという。

【祢々切丸】

南北朝時代の栃木県の日光山のねねが沢では、祢々（ねね）という河童がいたが、とある日本刀がみずから動きだし、退治したという。この刀はのちに祢々切丸と呼ばれ、国の重要文化財に指定され、日光二荒山神社が所蔵している。

殺生石《せっしょうせき》

栃木県那須町の那須湯本温泉、平安時代の怪石

栃木県

僧侶・石屋大徳を惑わす殺生石の幻、黒仏
（イラスト：應矢泰紀）

近寄るものはすべて殺す邪悪の権化

大妖怪。九尾の狐（75ページ）が化けたとされる、有毒ガスを噴出する巨石。京の都で正体が九尾の狐と見破られたため、那須まで逃亡した。鳥羽上皇は討伐軍を編成。三浦介義明、千葉介常胤、上総介広常を将軍に、陰陽師・安部泰成を軍師に任命し、那須野へ討伐軍を派遣した。追い詰められた九尾の狐は殺生石に変化し、そこから吹きだす毒素で近づく者や動物たちを次々と殺していった。

その後玄翁和尚が殺生石を叩き割り、地蔵を作ったといわれている。このときに四散した石は飛騨まで飛んで牛蒡種に、また四国では犬神に、上野国ではオサキ（38ページ）になったといわれている。大工道具で金槌を玄翁と呼ぶのはここからきている。

『絵本玉藻譚』に、目を爛々と輝かせ、まっ赤な口をニタニタさせた30mほどある黒仏が出現する後半の話もある。正体は殺生石の姿をした九尾狐が見せた幻影だ。物語では、石屋大徳という聖が殺生石の噂を耳にし、被害者を増やさないためにも九尾の狐を成仏させようと殺生石を訪れた。しかし目の前に見た黒々とした怪石に驚き、逃げだそうとすると目の前に黒仏が現れた。石屋は逃げだし、同じく黒仏を見たという女に匿ってもらうが、女は象くらいの大きさに膨れていき、またも石屋を驚かせたという。

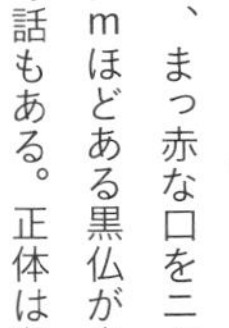

【解石神社】
栃木県那須烏山市下境にある玄翁和尚により飛び散った殺生石の1つという。尖った石で、鏡石とも呼ばれている。

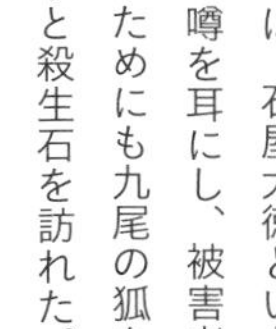

【殺生石入りのお守り】
京都市左京区浄土寺真如町の真正極楽寺（真如堂）には本物の殺生石の入ったお守りを授かることができる。

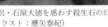

百目鬼《どうめき》

宇都宮市大曽、平安時代の鬼

栃木県

百の目をもつといわれる大鬼
（イラスト：應矢泰紀）

復活の時を待つ大鬼

宇都宮市大曽に現れた十丈（約3m）の大きな鬼。百目鬼が死馬を食べているところを、平将門を倒したあとの藤原秀郷が、離れたところから矢を放ち、百目鬼は明神山で倒されたという。しかし体から火があがり、あたり一面火の海になった。藤原秀郷は一度城へ引きあげ、翌朝出向くと姿はなく、落雷にあったようなあとだったという。そして約400年後、百目鬼は女の姿に変え、少しずつ自分の流した血を取り戻し、復活を考えるようになったが、本願寺（宇都宮市塙田）の智徳上人が邪魔で、火事などを起こしていた。しかし上人が説教している話を近くで聞いているうちに改心したという。百目鬼は角を折り、親指の爪を抜いて上人に渡したといわれている。一説では百の目をもち、刃のような鋭い髪をしていたとか、百の鬼を引き連れていたなどの逸話が地元に残っている。

鳥山石燕の『今昔画図続百鬼』に「百々目鬼（どどめき、とどめき）」という妖怪が紹介されているが、関係性は明らかでない。女性のような姿から、物語の後半となんらかの関係があるのかもしれない。

ほかにも「百目《ひゃくめ》」という全身に百の目のある妖怪がいる。昭和の時代に創作されたと考えられているが、百目鬼をヒントに生みだされたかもしれない。

【百目鬼という地名】

本願寺周辺の地名を百目鬼と呼び、百目鬼通りなどがある。名前の由来となった百目鬼は、鬼が改心した伝説以外に、八幡山と二荒山の山間に住む鬼のような盗賊の目がたくさん光っていたからや、ドドッと水の音がするところだから、ともいわれている。最近この地域では百目鬼の和菓子が作られた。

【ふくべ細工】

この地域では魔除けとして、ふくべ細工で作られた「百目鬼面」がある。ふくべとは夕顔の実のこと。成熟したふくべをくりぬいて空洞にさせ、乾燥させると皮が固く引きしまり、細工物の材料になる。これに色を塗って完成になるが、夕顔の形にそってユニークな仕上がりになる。百目鬼面の場合は夕顔のヘタの部分が鼻になっている。

囀《さえずり》石《いし》

吾妻郡中之条町大道、鎌倉時代の怪異

群馬県

聞きたいことを囀るという囀石
（イラスト：應矢泰紀）

欲しい情報をくれる石の怪異

一見すると4mほどの巨石に見えるが、声を発するという怪石で、しゃべり石ともいう。

とある男が仇討ちの旅をしていた。夜になり眠っていると、どこからか探し求めている相手のことや、居場所を教える声がしてきた。男は天の助けと喜んだが、その声の主はなんと自分が床にしていた岩からだった。男はめでたく仇を見つけだし、仇討ちを果たしたという。

その後もこの岩はたくさんの人に必要な情報を聞かせたので、とうとう土地の衆から祀られるようになった。しかしそれを知らない旅人が、岩の声を聞いて驚いて、刀で斬りつけてしまった。切り取られた石は空を飛び、蟻川「中之条町内」の割石になったという。この出来事があってから、この岩が声を発することはなくなった。現在は群馬県の文化財に指定されている。

似た話に静岡県掛川市佐夜鹿の小夜の中山の「夜泣き石」がある。身重の女がお金に目がくらんだ男に刀で切られて殺されてしまった。だが、女の霊はそばの丸石にやどり、大きな声で泣いたため、声を聞いた久延寺の和尚が赤子を救ったという。その後石は「夜泣き石」と呼ばれた。赤子は音八と名づけられ、成長して刀研師の弟子になり、仇を討ったという。

【囀石】
群馬県吾妻郡中之条町大道にある。

【夜泣き石と子育て飴】
静岡県掛川市佐夜鹿にある丸い石が夜泣き石だ。久延寺の和尚が赤子を救って育てたという水あめ、「子育て飴」が、小夜の中山トンネル脇のドライブインにある「小泉屋」で食べることができる。お土産用の大きいサイズもある。

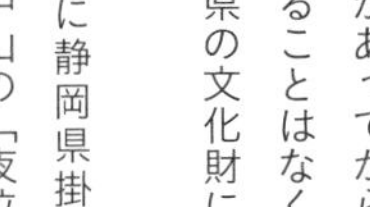

秩父の三害

埼玉県秩父地方から長野県にかけて出没

埼玉県

なまだんごは、片方のわらじを手に持つ地蔵（イラスト：應矢泰紀）

怪異とともに暮らす埼玉妖怪ベスト3

古くから街道道であった秩父や、荒川水系が広がっていた所沢・狭山地区に現れた三種類の憑き物妖怪を「秩父の三害」と呼んだ。一つ目の「ねぶっちょう」は、埼玉県秩父市に伝わる小さな蛇の憑き物。ねぶっちょうの住む家の主人が、誰かに恨みを抱くと、その考えを察し、相手を煩わせたり悩ませたりする。二番目の「オサキ」。九尾の狐が変化した殺生石が、玄翁和尚によって砕かれた際、上野国（現・群馬県）に飛来し、オサキになったという。オサキのいる家は、金銀、米穀その他なんであれ心のままにほかに持ち運ぶという。

三害の最後は、「生団子仏《なまだんごぼとけ》」という仏像を本尊としている長野県埴科郡、更級郡（現・長野市）などに見られる妖怪「なまだんご」。この仏像は片足が素足で、片方の草履を手に持っているという。ちなみに、所沢周辺は団子を売るお店が多く、地域の子どもたちは団子を妖怪のキャラにすることが好き。

ちなみに生団子の家筋の者は、生団子の掛け軸をもっていると金がたまったという。ところが団子を茹でても、1つは生のままのものが含まれているという。

【ねぶっちょうとオサキ】
釈敬順の『十方庵遊歴雑記』によると、札所のあたりで、ねぶっちょうの家筋で死んだ者やお崎狐（オサキのこと）に身がもたず窮迫してしまい家をでたりして屋敷数十件が空き家になっていたそうだが、祟りを恐れ、誰も住もうとせず、荒廃して廃墟になっていたという。

夜《や》道《どう》怪《かい》、宿かい

埼玉県秩父郡、比企郡小川町大塚に出没

埼玉県

子どもを袋に詰めて連れ去る人さらい妖怪
（イラスト：蘭陵亭子梅）

人の家に忍び込んで子どもをさらう妖怪

　妖怪を民俗学のテーマにした柳田國男が注目した妖怪。埼玉県の秩父郡では「夜道怪」とははっきりと伝承されていないようだが、子どもをさらう妖怪として昔話に語られる。これは、埼玉県の一部が鎌倉道など江戸と鎌倉、あるいは京都をつなぐみちすじにあったことと関係があるのかもしれない。比企郡小川町大塚ではこれを「宿かい」と呼び、白装束白足袋、わらじを履いて、行灯を背負った姿で裏口・裏窓から人家に入るのだと伝わっている。

　柳田国男は高野聖と名乗った諸国をまわる法師も似た姿で、子どもの入るくらいの大きな荷物を持って移動することや、宿借《やどうか》といって宿や食べ物を乞うことから、妖怪の名前がつけられたのではないかと推察している。

　なお、子どもをさらう妖怪の伝承はかなり多い。岩手県などの東北の「油取《あぶらと》り」はさらった子どもたちを搾って油を取る。よい油がとれるといい、女子が狙われた。

　食べ物が少なかった時代、口減らしと言って、子どもを奉公にだしたりして食い扶持を減らしたが、夜道怪にさらわれたことにした親もいたかもしれない。

【子捕ろ子捕ろ】
鬼ごっこの原型に「子捕ろ子捕ろ」がある。江戸時代からある遊びで、鬼役と人間の親役を一人決める。残った人は子ども役になり、親役の後ろで肩に手をのせ一列になる。鬼はいちばん後ろの子どもをタッチするか、誰かの肩から手が離れれば鬼の勝ち。親は腕をひろげ妨害し、守り切れば人間の勝ちになる。このとき、鬼は「子捕ろ子捕ろ（ことろことろ）」と掛け声をする。

赤えい

安房国野島が崎、江戸時代の妖怪

千葉県

大きすぎて島にしか見えない妖怪、赤えい
（イラスト：蘭陵亭子梅）

取り憑く島はエイ？

海上にときどき現れる巨大な赤いエイの妖怪。昔、大風で大船が漂流し、船に乗り込んだ船員の半数が海に落ちて死んだ。かろうじて島にたどり着き助かったが、人や家を探しても見つからず、水を飲もうとしたがたまった水は海水で飲めなかった。仕方なく乗ってきた船で海へでると、島は沈んでしまった。実は島は約12ｋｍの巨大なエイだったという。

熊本県宇城市不知火町にある永《え》尾神社《おじんじゃ》（永尾剱神社《えいのおつるぎじんじゃ》とも）は、海童神《わだつみのかみ》を乗せた巨大なエイが、海から山へ向かい乗り越えようとしたが、そのまま鎮座したという。神社の名前もこれに由来している。氏子はエイを食べず、胃腸病の神として崇められている。

栄螺鬼

千葉県房総半島、和歌山県ほかに現れた妖怪

千葉県

女に化けて男を襲うという栄螺鬼
（イラスト：斎藤 猛）

鬼になったサザエ

どのような妖怪か詳しくわかっていない。服を着た栄螺から力強そうな腕が生え、頭部に目があり、海上へ勢いよく飛びだす姿で描かれている。長い年月を経た栄螺が霊力を蓄え、鬼と化したのだろうか。ところが栄螺鬼は女に化けて男を殺す話が多く伝わっている。

房総半島の伝承によると、女に化けた栄螺鬼を家に泊めると、亭主を取られるか、殺されるという。和歌山県にも美女に化けた栄螺鬼に海賊たちが睾丸を取られる話がある。京丹後市には美味しい米を炊く妻がいた。夫がこっそり覗いていると研いだ米に妻は排尿して炊いていた。女は離縁され、浜辺で栄螺の姿になって海に帰ったという。これには蛤に主役を変えた話もある。貝は女性器の比喩に使われることもあり、よって男が狙われるのかもしれない。

二口女

下総国ほか江戸時代の妖怪

千葉県

二口女は後頭部にある大きな口で飯を食べる
（イラスト：蘭陵亭子梅）

後頭部に現れた二つ目の口、これも災いのもと

後頭部にもう一つ口のある女の妖怪。全国に伝わる「飯食わせ女房」という民話にでてくる妖怪だ。とある男が少ししか飯を食わない女を妻にして喜んでいたが、それにしては備蓄の減りが早い。疑った夫が働きに行ったふりをして、妻の行動を観察していた。案の定、せっせと米を食べていたのは妻だった。

夫はその場で叱りつけようとしたが、女は頭の後ろにあったもう一つの口にも次々と握り飯を運んでいた。女の正体はふつう「山姥」だといわれている。

それでは「二口女」は「山姥」なのか。千葉県には次のような話が伝わる。ある日、夫の斧があやまって妻の後頭部を怪我させてしまった。運よく妻の命に別条はなかったが、傷口は日に日に変化していった。痛みもともなったが、この口に食べ物を与えると痛みは引いたという。しかしその後、その口は小さな声で、前妻の子を故意に餓死させたことを後悔したという。

これによれば人面疽という怪病の類だったかもしれない。

だいだら坊

東京をはじめ「武蔵野」一帯、霞ケ浦あたりまで伝承が残る

東京都

富士山を作ったという巨人、だいだら坊
（イラスト：斎藤 猛）

関東に登場した最初の妖怪と「国生み」

『妖怪談義』を著して妖怪伝承に学問のメスを入れた柳田國男は、だいだら坊、あるいはダイダラボッチを東京でもっとも注目すべき妖怪ということを年来の持論とし、昭和2年発表の「だいだら坊の足跡」（『中央公論』4月号）で詳しく論じた。

武蔵野は、おそらく日本随一の巨大な平地であるため、このあたりを行き来する妖怪も巨大であったにちがいない。しかも、この地域は縄文時代の海退期には霞ケ浦ともつながった広い内海になっていた。それが寒冷期に入って海岸線が後退し、次々に陸地化していった。まさに日本海側の中海・宍道湖という内海に位置した出雲で国生み伝説が生まれたのと同じなのだ。関東では、古い地方史を記録した『常陸国風土記』（奈良時代）によると、常陸国那賀郡《なかのこおり》に「大櫛」という丘があり、体がきわめて長大な人がいて、海に手を伸ばして海辺の貝を拾い、食べた貝殻を捨てたので、殻が朽ちて丘ができあがったという。これが日本でもっとも古い貝塚の記述といわれる。この巨人は巨大な足跡を残し、おしっこをしたところには池ができた。

こうして大平野に池や川を作り、森を育てて国を産んだ。

関東では、南の海から上陸し、霞ケ浦を過ぎ、今の東京から静岡にかけて国生みの足跡を残した。今でも武蔵野のあちこちに「窪」という地名がついたところは、だいだら坊が歩いたあとだとされる。沖積平野の海岸沿いには「後背湿地」という水たまりができるので、地形ともよくあう。

また富士山を築くために甲府のあたりの土を掘って盛り上げたので、甲府盆地もできあがったという。関西では、琵琶湖にまでダイダラボッチの足跡が残された。

柳田はだいだら坊に由来する地名とされる代田《だいた》をはじめ武蔵野の各地を巡り、それら巨人伝説跡がすでに開発などで失われている現状にぶつかってしまう。古代に思いを馳せた柳田は、稲作以前の「日本の原景」を探る手がかりとして、武蔵野平野とだいだら坊の伝承に大きな関心を抱いたのだった。

野衾《のぶすま》

東京ほかに現れた江戸の妖怪

東京都

剣豪・武蔵も戦った（？）野衾
（イラスト：蘭陵亭子梅）

空から飛来する妖怪

イタチのような姿だが、手足を伸ばすと布のようなものが広がるムササビ、モモンガに似た妖怪。コウモリの姿に描かれることも多く、空から飛行して人の目や口を覆うという。江戸でネコを襲って血を吸った野衾が捕らえられた話が伝わっている。

平安の時代、モモンガは「モミ」と呼ばれた。このモミという言葉は、東京あたりでは子どもを怖がらせるときにいう「恐ろしい音」、すなわちモモンガーとしても知られる。戦後まで、モモンガーはこわい言葉として生きていた。東京では今も、「モモンガー」と言ってこわがらせることがある。

また、野生獣の肉を食べさせる店は、「もゝんじや」というが、これは妖怪「モモンジー」に引っ掛けた洒落だとされている。

野衾に似た妖怪に毛朱（もみ、もうしゅ）がいる。京都府・御所の南殿で騒ぎを聞いてぬえ（82ページ）が現れたと思った平清盛がこれを退治した。毛朱は「毛朱一竹塚」という名で埋葬され、墓は大正の時代まであった。

【野衾と宮本武蔵】

浮世絵師、歌川国芳は宮本武蔵が丹波の国（兵庫県）で修行中、山の中で年をとった巨大な野衾と戦う浮世絵を残していて有名だが、木曽街道で野衾と戦う絵では〝籠渡し〟に乗って空中戦をしている場面を描いている。ちなみにこれらは物語の中での出来事だ。

猫《ねこ》又《また》・猫貍

猫又橋ほか江戸時代の妖怪

東京都

李冠光賢 画・鍋田玉英 模『怪物画本』（明治 14 年）に描かれた猫又

尻尾が二つなら、その猫は「猫又」

猫又とは年老いた猫が霊力を宿し、人間と同様に言葉を話せば二本足で歩く。尾が2つに分かれ、手ぬぐいを頭にのせて踊るとも言い伝えられている。日本各地で伝承が残されているが、化け猫、火車といった妖怪の正体ともいわれている。ただし、この妖怪名は江戸時代以前からあり、山の奥に住む野生獣を指していた。

江戸時代、仙川（小石川とも）という川に根子股《ねこまた》橋があった。このあたりには狸がいて、夜な夜な赤手ぬぐいをかぶって踊るという。やがて橋は、猫貍《ねこまた》橋（猫又橋）といわれるようになった。現在では川は地下を流れるようになり、猫又橋の親柱の袖石が残るだけだが、この前の坂も猫又坂と呼ばれていた。

山にいる野生の年老いた猫が大きく育ち、人を襲ったというのが、古来の物語である。猫又は富士山にもいたが、黒部、毛勝三山へと移った。

【猫又の痕跡】

黒部峡谷鉄道本線には「猫又駅」があり、毛勝三山には猫又山がある。

※「猫又駅」は関係者以外下車できない

【猫又と手ぬぐい】

猫又が手ぬぐいを頭にのせて踊る姿が描かれることがあるが、飼い主に見つかってもすぐに自分だとばれないようにするためだという説がある。もしばれてしまうと、飼い主を殺すか、自分から飼い主のもとを去るしかないといけないという。そんな悲しい物語「清養院の猫」が今も伝えられている。

雪女

東京、岩手（遠野）ほかの妖怪

東京都

勝川春草『百慕々語（ひゃくぼぼがたり）』を参考模写（模写：荒俣 宏）

息を吹きかけるだけで、人を凍死させる妖怪

雪の降る地方で広く言い伝えられている妖怪。白装束を着た黒髪の美しい女性の姿で、人の精気を奪ったり、冷気を吹きかけて凍死させたりする。岩手の言い伝えでも、小正月の1月15日または満月の夜には、雪女がたくさんの子どもを連れて外で遊ばせるという。

しかし、雪女は東京にもでた。でたどころではなく、この雪女が日本に広く知られたのは、東京の人から雪女伝説を聞いた小泉八雲が、名作『怪談』に、その物語を採ったからだった。小泉八雲が書き上げた話によれば、東京都西多摩郡調布村の伝承に雪女が登場するという。ある夜吹雪の小屋で雪女が老いた樵《きこり》に息を吹きかけ凍死させたが、若い樵は秘密を条件に殺さず去っていった。その数年後、樵はお雪という女を娶り十人の子に恵まれるが、一向に老けない妻に樵はあの夜の雪女とお雪が似ていると、つい口にしてしまう。たしかにお雪はあの夜の雪女で、約束を破った樵を殺そうとするが、子どもたちを不憫に思い、みずからが家をでて消えていったという。

【雪おんな縁の地の碑】
青梅市千ヶ瀬町の調布橋近くには「雪おんな 縁の地」の碑が建っている。意外なことに江戸時代の青梅市は豪雪地帯だったといわれている。

【伝承に地域差のある雪女】
雪女は人の精気を奪ったり、凍死させたりする印象があるが、新潟県などでは人を食い殺しにくるところもあるという。京都府の「雪んぼ」は雪女にしては珍しく、いろりで熱くなったおっぱいを投げて、人に火傷を負わす。

東京都

飛頭蛮《ろくろくび》

江戸の上野ほかで現れた妖怪

女の首が抜けて
飛び交う飛頭蛮
（イラスト：寝猫）

首が伸びる怪異

中国の妖怪に「飛頭蛮」という」体から首が離れ、飛んでいく妖怪の伝承が多く残っている。大体は夜に飛び回り、なかには虫などを食べるものもいたり、耳で飛行するものもいたりした。首が離れている間に体が冷たくなっているものもいたが、ある程度の時間で戻ってこられれば問題はない。しかし首と体の間が遮断されると戻れなくなり、やがては死んでしまう。

日本の「飛頭蛮」も体から頭が離れ、飛行していき、時には人を襲い、血を吸うものもいる。飛んだ首と胴体とは糸でつながっているともいわれている。これが、首が長く伸びたように見えたのだという人もいる。添い寝した遊女の首が伸びて、行灯の油をなめた話もある。ろくろ首といえば女の印象があるが、江戸の上野の見世物小屋に、首の長い男性がろくろ首として評判を呼んだそうだ。

医師・橘南谿の『北窓瑣談』におもしろい事例がある。京都のある家で、主の帰郷を待つ妻がいた。ある夜、下女が夜中に苦しそうにしているので、妻が様子を見に行った。すると下女の首が胴体から離れ、小屏風が邪魔で戻れなくなっていた。妻は恐ろしくなり、次の日下女は、即刻暇を渡されたという。しかし橘南谿は本当の首はもともと屏風の裏にあったのではと推測している。

「離魂病」という幽体離脱に似た怪病、現象などの話もあるが、離れた魂が頭部になるという話もある。神奈川県真鶴町の「舞首」は、三人の武士の首だけの妖怪。いつまでも憎しみあい、食らいあい、口から火を噴きながら罵倒する。

中国や日本以外にも飛頭蛮に似た妖怪がいる。フィリピンの「マナナンガル」は、夜になると上半身と下半身が離れ、蝙蝠の羽をはやし血を求め飛行する。下半身のところへ戻ったときに下半身の向きを変えておくと戻れなくて死ぬこともある。マレー半島・ボルネオ島の「ペナンガラン」は首とその下に内蔵をぶらさげたような姿をして飛行する。これは悪魔との契約に失敗したからだといわれている。南アメリカには大きな耳で羽ばたいて飛ぶ生首の「チョンチョン」がいる。血を吸いに現れるらしい。

後追い小僧

丹沢地方東部の妖怪

神奈川県

山道で後ろから足音がしたら、それは後追い小僧かも？
（イラスト：斎藤 猛）

照れ屋の少年妖怪

4～10歳くらいの子どもの姿で、ぼろぼろのむしろや、ツムギをまとっているという。

丹沢地方東部の山道で、登山者が歩いていると後ろに気配がする。気になって振り返ると、すばやく身を隠す者がいる。古くから亡くなった人の霊が山を登るという話があるが、経験をつんだ登山者ならこれが無害な「後追い小僧」であると気づき、山道の脇に食べ物を供えていく。

後追い小僧は無口で内気だが、時には道案内をし、夜になると提灯を灯すことがあるという。死んだ子どもが山霊になり、人を懐かしんでてくるのかもしれない。

埼玉県比企郡川島町中山上廓、埼玉県南部付近の袖引小僧《そでひきこぞう》は、人の袖をクイと引くが、やはり振り向くと誰もいないという。その正体は落武者の霊で、落武者が通行人に助けを求めて袖を引いているのだとか、共働きの親の帰りを待ちわびていた子どもが、帰宅した両親に向かって飛びだしたところ、親は盗賊だと勘違いして、子どもを殴りつけて殺してしまった。その子どもの霊とも語られている。

【後をつけてくる妖怪】
後追い小僧とは少し異なり、姿が見えないが後ろをつけてくる妖怪が日本中にいる。有名なのが「べとべとさん」だ。静岡県や奈良県で、振り返っても誰もいないが、やはり誰かがついてくる。道を譲るといなくなるという。

うぶめ・産女・姑獲鳥

神奈川県大巧寺の妖怪、その他全国

神奈川県

李冠光賢 画・鍋田玉英 模『怪物画本』より

深い母親の愛情と情念の妖怪

難産で亡くなった女の妖怪。日本では赤ん坊を抱いた人の姿で現れる産女が広く伝承され、人の子をさらう鳥の姿で描かれる姑獲鳥は唐の時代に日本に入ってきた伝承と考えられる。産女の伝承の多くは赤子を他人に抱かせようとする共通点があるが、結果はさまざまだ。

江ノ電「鎌倉」駅に近い神奈川県大巧寺《だいぎょうじ》の日棟聖人というお方が、ある日、滑川《なめりがわ》加能橋《かのうばし》というところを夜中に通ったとき、下の河原で、難産でこの世を去って泣いている母子の霊に出会う。日棟がお経を唱え、成仏させた。数日後、女は美しくなった身なりで現れ、自分のようなお産に苦しむ女の人を救ってほしいと告げたという。その後「産女霊神」として祀られ、寺は安産のご利益で知られ、「おんめさま」の愛称で親しまれている。

福島県南会津郡檜枝岐村や大沼郡金山町では産女の類を「オボ」と呼ぶ。人に赤子を抱かせるとオボは成仏して消えるが、赤子の頭の向きを間違えると喉を噛まれるという。

河沼郡柳津町には「おぼ抱き観音」の伝承が残る。おぼとは赤子の意味で、髪を結っている間、子を泣かさず守っていてほしいと女に頼まれた。これをみごとにやり遂げた男は金の重ね餅を礼にもらったという。

茨城県では「姑獲鳥（ウバメトリ）」という妖怪が、夜に干された子どもの着物を見て自分の子どもの着物だと思い、目印として自分の乳を搾るという。しかしその乳には毒があるといわれる。

タイのバンコクにあるプラカノーン村には、「メー・ナーク（ナーク婦人）」の伝説がある。戦争から帰った夫を、ナーク夫人と赤ん坊が出迎えてくれるが、実はナーク夫人は難産で赤ん坊とともすでに死んでいた。夫は仲間から亡霊だといわれても信じなかったが、やがて2階から手が伸び、1階のものを拾ったりするところを目撃するなど、夫も徐々に信じざるを得なくなった。彼女の夫への愛情が亡霊としてその地にとどまらせていた悲しい物語だ。プラカノーンには今でも実際にメー・ナークの廟がある。

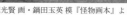

溝出

由比ヶ浜ほか鎌倉時代の妖怪

神奈川県

死体が歌って踊りだす怪異、溝出
（イラスト：蘭陵亭子梅）

箱の中で歌い踊る遺体

葛篭《つづら》や櫃《ひつ》などの中で、亡骸が歌ったり踊ったりするという怪異。

似た話がいくつかある。鎌倉時代、八郎という侍が死んだ配下の死体を櫃に入れ由比ヶ浜の海に捨てて行ったが櫃は岸に着き、中から歌声が聞こえたので寺で弔われたといわれている。その後八郎は戦場で取り残され、家来の死体を捨てた場所と同じところで矢に撃たれて死んだ。

浅井了以の『狗張子』によると、うつけものと評判の悪い妻がいた。ところが病に倒れ、帰らぬ人となった。お通夜の夜、葬送の音楽が聞こえてきた。すると妻が起き上がり、音楽にあわせて踊りだしたという。

外国では死体農場（ボディ・ファーム）といって、死体を野ざらしにした場合に起こる遺体の変化を記録し、検視や鑑識調査に役立てている。放置された死体が腐敗したりじん帯が乾燥すると、その体は自然と動くという。

異獣

越後国（現・新潟県）の妖怪

新潟県

異獣は人の荷物を運んでくれる、力もちの妖怪だ
（イラスト：斎藤 猛）

弁当の引き換えに心優しい雪男

人より少し背が高く、頭の毛が背中に垂れるほど長く、全身に毛が生えたサルに少し似た妖怪。鈴木牧之の名著『北越雪譜』に絵入りで掲載されて有名になった。

夏の初め、越後国の問屋が遠方の問屋へ急ぎの白縮《しらちぢみ》を届けることになり、竹助という男が大荷物で使いにでたが、山中で休憩して食事をとろうとしたところ異獣に遭遇する。弁当の焼飯を分けてやると、すすんで大荷物を運ぶのを手伝ったという。

ほかにも池谷村のちぢみの機織りの名人だった女のところに現れた異獣は、1・8mくらいの背の高さで赤髪、灰色の毛で、腰から枯れ草をまとっていたという。女は時折現れる異獣に握り飯を与えていた。あるとき女にちぢみの発注がきたが、月水の時期だったので機屋にはいれずにいた。すると異獣が月水を止めてくれたという。

鈴木牧之『北越雪譜』に描かれた異獣

火車《かしゃ》

新潟県南魚沼郡塩沢町や岩手県遠野市ほか、室町時代の妖怪

新潟県

李冠光賢 画・鍋田玉英 模
『怪物画本』より

死体を奪う獣の妖怪

死体を奪っていく、尻尾が2つの大きな猫の姿をした妖怪。天正期（1573〜1592年）のころ、雪の降る新潟県の三郎丸村で葬儀が行われた。埋葬の棺桶を運ぶ際中、突如大風が吹き、あたりは闇に包まれた。すると巨大な火の玉が棺桶めざして飛んできた。火の玉には尾が2つに裂けた巨大な猫がおり、棺桶に手をかけようとしていた。葬儀に参列した者は逃げだしたが、北高和尚だけは大猫と対峙し、念仏を唱え、一喝とともに鉄製の如意で頭を打つと、額から血をだして逃げていった。このときの返り血を浴びた袈裟が雲洞庵に残されている。

岩手県では前帯で巾着を着けた女の姿をしていた。遠野市の山に住み、葬式の棺桶から死体を奪ったり、もしくは墓場から死体を掘りだして食べたという。土葬から火葬に変わったため、遺体が立ち上がる事故が生じたようだ。

竜巻《まき》・竜

掘割、江戸時代の妖怪

新潟県

橘崑崙『北越奇談』に描かれた竜巻の中の竜

龍の正体を見ようと、竜巻の中に入った人がいた

北日本の海にはしばしば「竜巻」が起こる。橘茂世《たちばなしげよ》（号を崑崙という）が書き表した『北越奇談』によると、新潟の港へ向かう掘割のあたりで、水しぶきが天までとどき激しく渦を巻く「竜巻」に出会ったという。この場に遭遇した船の乗客は、船底にしがみついていたそうだ。崑崙は竜蛇が白刃を恐れるという話を思いだし、刀を抜いて額に当て舳先に座った。竜巻はそのまま舟へ襲ってきたが、竜巻のなかの竜の頭と思われるあたりが光り、次には轟音が通り過ぎていた。まわりは立木がなぎ倒され、枝は吹き飛ばされていた。

この記録はすばらしい。竜巻の中に飛び込んでいき、しかもそこに竜の頭を見いだしたのは、広島の稲生平太郎の話よりもリアルではないだろうか。日本海側では、竜巻を叩き落とそうとするほどの豪傑もでたほどだから、冬にこの地方の竜巻が異常に低い位置に見られた証拠と思われる。

古い時代に暮らしていた人たちからすれば、とんでもない災害だっただろう。仏教発祥のインドでは竜は雨を呼び、水を司る蛇体の神とイメージされていた。日本に伝来し、麒麟や鳳凰と並ぶ霊獣として崇められている。『述異記』によれば竜は生きた年数で呼び名が竜、角竜、応龍、黄竜と変化し、少しずつ形も異なる。日本で一般的に知られている長い胴体をもつのが黄竜だ。竜の一族の数は多く、地上や天界を行き来できる。京都府・神泉苑で雨ごい合戦を行った守敏と空海だが、守敏は日本にいる竜を封印して、空海を困らせようとしていた。ところが守敏の手を逃れた善女龍王が空海の勧請に応え、干上がった大地に恵みの雨を降らせたが、このときの姿も蛇体だったと伝えられている。

『弘法大師四国巡』。神泉苑での雨ごいの図

【瑞龍寺】

大阪府浪速区にある瑞龍寺（通称：鉄眼寺）には日本で唯一竜のミイラを所蔵している。ほかにも河童と人魚のミイラもある。

団三郎狸・団三郎貉《むじな》

新潟県佐渡郡相川町（現・佐渡市）、江戸時代の妖怪

新潟県

変幻自在の大狸、団三郎狸（イラスト：斎藤 猛）

変幻自在の狸の総大将

日本の三大狸に数えられ、佐渡に住む狸たちの総大将。人を化かすのが得意で、自分の住む穴倉全部を豪華な屋敷に変えて人を招いたり、人間の医者を呼んだりしていた。自分で手に入れたお金で商売や金貸しもしていたという。日本三名狸の残りは淡路島の芝右衛門狸、香川県の太三郎狸の二人。

タヌキは非常に分布の狭い動物で、ほとんど日本にしか見いだせない。そのため、中国などで「狸」と書く動物や、「貉（むじな）」などの類似動物をひとからげに「タヌキ」と思い込んでしまう傾向がある。

この影響は明治維新以後も続き、昭和になると講談でなく映画によって人気がさらに高まった。これが「狸御殿」あるいは「狸合戦」ものと呼ばれる物語であって、戦時下の日本で唯一許された娯楽ファンタジー映画として、市民にひとときの夢を与えた。

【二ツ岩大明神】
新潟県佐渡市相川下戸村にある神社。団三郎を祀っている。

【佐渡金山】
佐渡島にあった金山は日本最大級の規模の金脈だった。今は資料館が建つが、MRグラスをつけて、道遊抗を歩けるアトラクションがオープンしている。

人魚《にんぎょ》

越中国（富山県）の放生淵四方浦、文化2年（1805年）の妖怪

富山県

瓦版『近世・近代風俗史料貼込帖』より
（模写・着色：應矢舞利子）

巨大な人面魚？

江戸時代には日本で人魚がたくさん見つかっている。たとえば文化2年、放生淵四方浦で見つかった女の顔の人面魚は、全長が10・6ｍ、頭だけで1・3ｍあり、金色の角が2本、腹のウロコの間に3つ目の目玉があった。尻尾は鯉のようで、漁船を転覆させたが、450丁の鉄砲で撃ち取られ、瓦版に掲載された。

このように人魚は海にいる印象が強いが、実は昔は川の怪物とされた。『日本書紀』によると琵琶湖へ流れる蒲生川でも捕らえたという。このとき聖徳太子は「災害の予兆」と見て、願成寺で災害回避の供養を行った。淡水魚の人魚か、それともオオサンショウウオのようなものだったのかもしれない。

江戸時代の大人向けの黄表紙に『箱入娘面屋人魚』というおもしろい作品がある。神田の八丁堀の平次が漁をしていると手足のない人魚と出会い、同棲を始める。育てられた人魚は、貧しい平次を助けるため、こっそり遊女になるが生臭くて失敗、借金を作ってしまう。ところが「人魚を舐めると寿命が延びる」と学者に教わり、「人魚なめ処」を始めると客が殺到する。人魚の肉を食べると不老不死になるという（福井県、八百比丘尼58ページ参照）伝説をモチーフに活かした物語で、この人魚は最終的に脱皮して人間の女になる。ちなみにこの人魚は浦島太郎と浮気相手の鯉との間に生まれたとする。

日本の人魚は手足を人型にした半魚人、もしくは人面魚といった姿で伝承されている。これは中国最古の地理書『山海経』に由来する。同書では四足で描かれた「陵魚《りょうぎょ》」や、魚体だが人の顔をした「赤鱬《せきじゅ》」といった怪動物が挙げられている。半身が人間で下半身が魚というイメージは、西洋由来の人魚像であり、大槻玄沢が『六物新誌』で紹介して以降、日本にも広まった。この時期に九州では、人魚の剥製が生産され、その一体がオランダ経由でロンドンに運ばれて見世物になり、さらに大興行師バーナムに買い取られてアメリカでも展示興行されたため、日本製の人魚は西洋で博物館の必須アイテムになった。

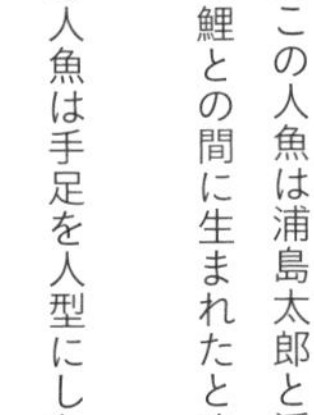

興行師バーナムが展示した日本製人魚

狒々《ひひ》

黒部谷ほか江戸時代の妖怪

富山県

葛飾北斎『北斎漫画』より

樵を襲った人食い猿

年老いた大きな猿を思わせる姿だが、そうとうな怪力で足が速く、人を襲って食べたり、女をさらったりする。人を見ると唇がまくれて目まで覆うほど大笑いするので、この笑い方の擬声語「ヒヒヒ」という音から、狒々と名づけられたと、柳田國男『妖怪談義』にある。人のこころを読む能力もあるという。動物学ではマントヒヒやマンドリルなどのヒヒ類が、縄張り意識も強く、歯茎が見えるほど唇をまくって威嚇する。『本草綱目』に身長一丈（約3ｍ）で黒い毛の大猿、とある。

黒部谷では樵たちが嵐の中で狒々に襲われ、体を引き裂かれ殺されそうになった。源助という樵の親分が救いだし戦いながら「仲間を殺したらお前たちもただではすまさない」というと、狒々は去っていったという。

かわうそ

能都地方、鹿島郡や羽咋郡、江戸時代に起きた怪異

石川県

葛飾北斎『北斎漫画』より

狐や狸と比べて変化が雑な妖怪

年を重ねた狐狸と同じく、かわうそも変化して人をたぶらかすというが、どこか不十分で詰めが甘い。たとえば北海道・アイヌの民話に登場するかわうそは、勘違いや物忘れを度々おこす。（天にいる）神がある日、地上にいる神に人を作り上げるときは石から作るようにと、かわうそに伝言させたが、内容を忘れて木から作れ、とあやまりを伝えてしまった。そのせいで、人は石のように不死ではなくなったという。

石川県能都地方で、かわうそは20歳くらいの美女や碁盤縞の着物姿を着た幼い子どもに化けるが、人語が上手く話せず、人が誰だとたずねると、「オラヤ」と返したいところを「アラヤ」と変な風に答えてしまうという。

かわうそは手が器用で、獲らえた魚を岸に並べる習性があり、まるで祭りの供物を並べているように見えることから、このような光景は「獺祭《だっさい》」と呼ばれた。

黒手

能登（現在の石川県）戸板村、慶長年間の妖怪

石川県

腕を切られて取り返しにくる妖怪は多い
（イラスト：蘭陵亭子梅）

便所に現れて尻をなでる妖怪

能登（現在の石川県）の戸板村に現れた2・7mの毛深い腕をもつ妖怪。便所に住むという。

『四不語録』という本に、笠松甚五兵衛という村人の妻が便所で尻を撫でられた話が載る。それを聞いた甚五兵衛が、現れた毛深い腕を短刀で切り落とした。その後三人の僧が甚五兵衛を訪れ、その妖怪こそ便所に住む黒手であると告げた。しかも、腕を見た別の僧がいきなり、「これはお前に切られた我が手だ！」と叫び、正体を現した。甚五兵衛は衾のようなものを頭からかぶせられ、2mほど持ち上げられたのち、落とされた。気がつくと黒手を切り落とした短刀が奪われていたという。

便所で尻を撫でる妖怪としては、京都府に「カイナデ」という妖怪がいる。節分の夜に便所に現れ、尻を撫でる妖怪である。これら妖怪たちには退けることのできる呪文がある。「せんちん婆さん」（126ページ）を参照。

塩の長次郎《ちょうじろう》・馬憑き

加賀国（現・石川県）、江戸時代に起きた怪異

石川県

竹原春泉『絵本百物語』より
（模写・着色：應矢舞利子）

馬の霊が胃の中で暴れる

馬の霊が人に憑依するという怪異。『正応記』という本によれば、馬肉が好きな長次郎という男が、食べる肉がなくなり、とうとう老馬を殺して食した。すると夢に老馬が現れ、首に噛みついてきた。それ以降、老馬を食した時間になると老馬の霊が口から胃に入り込み、腹で暴れ、激痛を起こしたという。長次郎はこれまでの悪行を懺悔し、救いを求めたが、100日くらい経って死んだ。重い荷物を背負わされた馬のような死に様だったという。

また、こんな話もある。江戸時代、民衆たちの間で大道芸が大変な人気であった。当時は装置を使った奇術は手品と呼び、手先を稲妻のようにすばやく使う奇術を「手妻」といっていた。のちに西洋の手妻が入ってきたことから日本の奇術は和妻、西洋を洋妻と区別されたが、なかでも著名な放下師（手品師のこと）がいた。名を塩《しお》屋長次郎《やちょうじろう》（塩の長次郎とも）といい、この男の得意技が馬を口から飲み込んでいく「呑馬術《どんばじゅつ》」で、徳川将軍に披露するほどの人気で、偽物まで現れた程だという。

さて、この放下師の名が馬憑きにあった人物と同じ名前であること、そして馬を呑み込むという共通点があることに注目しよう。可能性として、この放下師は記録も見える実在人であるから、加賀国に起きた怪異が長次郎の名にすり替わった可能性がある。

ところで呑馬術だが、種明かしをすれば、ブラックアートと呼ばれる暗幕を使った手品で、観客まで距離をおいた長次郎が馬を呑み込む動作をしながら真後ろで黒子が馬を引いて暗幕の中に隠していくというもの。暗闇のなかで行われ、観客の前には蝋燭《ろうそく》がたかれたぶん、影に隠れた馬が呑み込まれたように錯覚するというトリックだ。今、この秘戯は復元されている。

守宮

越前国湯尾（現・福井県南条郡南越前町）の妖怪

福井県

ヤモリに取り憑いた武士の霊を守宮（いもり）という（イラスト：斎藤 猛）

ヤモリに取り憑く武士たちの魂

死んだ武士たちの魂が古井戸に棲むヤモリに取り憑き、小人に変化して悪さをしたという。小人は12～15㎝くらいで、杖を使って攻撃してくる。1万の数で襲ってくることもあり、大人の人間が相手でもただではすまない。烏帽子を被った指揮官がおり、統率のとれた戦術を用いて襲ってくる。

いもりは、名を漢字で守宮（ヤモリの意味がある）と書き、読み方は「イモリ」と発音する。昔、塵外首座《じんがいしゅそ》という僧が湯尾の城跡で小屋を建てて書を読んでいると、小人が現れ話しかけてきた。机の上にきたのを無視して払い除けると「寂しさを紛らわすために送った使者に対し無礼」と小人の集団が現れ、逃げる塵外を襲撃した。塵外は捕まり手足が切り落とされそうになったが、無礼を詫び、許しをもらった。

【ヤモリは縁起がいい?】
ヤモリを漢字で守宮と書くがその由来は、昔の中国で、ヤモリに辰砂（硫化水銀のこと。賢者の石とも）を飲み込ませ、粉にして女性にまぶすと女性も赤くなるからだという。ただし、男性と交わると消えるらしく、皇帝が後宮の女官の貞操を守るために用いたからといわれている。

八《や》百《お》比《び》丘《く》尼《に》

若狭、飛鳥時代の妖怪

福井県

（イラスト：蘭陵亭子梅）

大槻玄沢『六物新誌』より

人魚の肉で永遠の若さを得た尼僧

八百比丘尼は全国を行脚した女の宗教者。若く美しい姿に見えるが、実は800年以上生きている。

白雉5年（654年）に高橋長者の家で娘が生まれ、美しく成長した。ある日父親は人魚の肉（鮑貝の殻に穴の九つある「九穴の貝」という説も）を持ち帰ったが、娘があやまって食べてしまう。人魚の肉を食べると不老不死になるといわれたとおり、娘は家族や友人に先立たれ、老いて一人になってしまった。娘は出家し、全国を行脚し八百比丘尼と呼ばれる宗教者になる。宝徳1年（1449年）、京都に現れた白髪の老婆の巫女が、自分は若狭の白比丘尼で八百歳になると名乗った。そして小浜市にある空印寺の洞窟で入定したといわれている。小浜市根来地区に高橋長者の屋敷跡があり、青井地区の神明神社に八百姫神社があり、八百比丘尼が庵を編んで住んだといわれている。

八百比丘尼は白比丘尼ともいわれ、像の中には花のような冠をつけ白い椿を手に持っている形がある。八百比丘尼が椿の枝を地にさして行脚にでたが、戻ってきたときには椿は大きくなっていたという伝説による。長寿ゆえに家族にすべて先立たれ、独り取り残される八百比丘尼の「無常」を感じる。

椿にはこんな話もある。岐阜県不破郡青墓村（現・大垣市）では、古墳を掘り起こした村人が祟りにあって死んでしまった。村人は死者の霊を弔い、椿を植えた。すると、ある男の家に雪と名乗る女を訪れ、一緒に暮らすようになった。しかし一年後、女は自分が椿の精（化け椿）だと告げ、消えてしまった。男は椿の下へ行き、雪の名を呼んだ時、一度だけ花が開いて礼をいう女の姿が現れたという。春の訪れが近いことを教える椿は新しい芽生えや復活の象徴といえる。古墳の霊と椿の神聖な力が交わって「八百比丘尼伝承」を生んだのかもしれない。

【空印寺】
福井県小浜市小浜男山にある空印寺は八百比丘尼の絵巻、木像も所蔵されている。本堂を拝観すると、八百比丘尼の伝説をかたどったクッキーがいただける。

蟹坊主

甲斐国万力村の長源寺、江戸時代の妖怪

山梨県

怪僧に化けたという蟹坊主
（イラスト：蘭陵亭子梅）

謎をかけ人を食う化け蟹の怪僧

大きな化け蟹の妖怪。人を襲い、食べるという。妖怪が現れるという噂の長源寺に、とある旅の僧が泊まった。真夜中になると怪人が現れ、「大足二足小足八足右行左行眼天を指す、これ如何に」と問うてきた。僧は即座に「蟹」と答えた。驚いた怪人は、甲羅が四畳敷きもある大蟹の姿を現した。西の沢へ逃げだしたが、投げつけた独鈷が化け蟹の背中に突き刺さり、沢の上流まで坂をのぼったところで力尽きた。この坂を「蟹沢」もしくは「蟹追い坂」という。この僧は「救蟹法師」と名を改め、長源寺の住職になったという。

人を襲う大蟹の話も滋賀県甲賀市土山町にある。鈴鹿山を通り抜ける旅人や村人たちを大蟹は襲って食べるという。その後高僧に説法を説かれた大蟹は、これまでの行為を後悔し、溶けて消えた。甲羅は村人たちの手により葬られ、「蟹塚」が建てられた。

【蟹ヶ坂飴】
高僧が村人に授けた厄除けで、大昔から「蟹ヶ坂飴」という飴が伝わる。滋賀県甲賀市土山町南土山甲「かにが坂飴」という店名で売られている。

平四郎虫

山梨県西八代郡六郷町（現・市川三郷町）の妖怪

山梨県

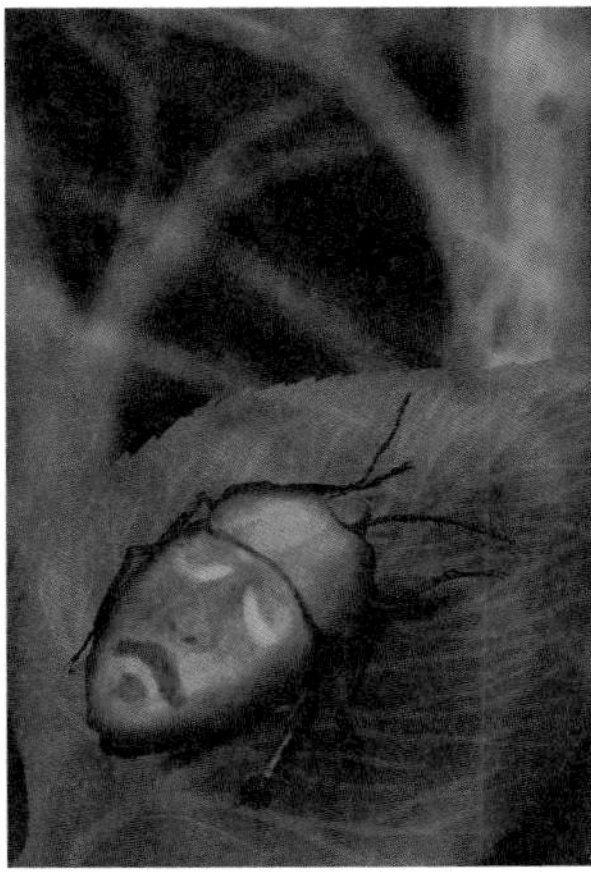

平四郎虫は作物を枯らし、飢饉を起こした
（イラスト：應矢泰紀）

冤罪《えんざい》の恨みで怪虫となった男

あるとき、村人たちの前で平四郎という男が誰も解くことができなかった盗みの全貌を得意げに実践して見せた。しかしそれが災いし、最後には犯人にされてしまう。平四郎は冤罪を訴えたが、死に際に耳を貸さなかった村人たちに恨みの言葉を残すと首を刎ねられた。するとその村に悪臭を放つ怪虫が大量発生し、農作物を次々と黒く枯らして甚大な被害をもたらした。この虫は「平四郎虫（オオガ虫とも）」と呼ばれ、呪いを恐れた村人は小さな堂を建て、平四郎の霊を弔ったという。

中東でも、「虫」が大群を作って穀物を食い荒らす「飛蝗」という災いを起こすので、悪魔とされる。

鬼女紅葉《もみじ》

戸隠《とがくし》・鬼無里、平安時代の妖怪

長野県

李冠光賢 画・鍋田玉英 模『怪物画本』より

紅葉狩の由来は「紅葉見物」ではない!?

　美しく、琴の才能にも恵まれた、妖術を使う鬼女。この鬼女は、第六天の魔王への祈りによって生まれた女性で、呉羽という名をもっていた。美貌と才知をあわせもつ娘に成長してのち、京の都に上り、琴の名手として評判を得た。やがて源経基公の寵愛を受けるようになり、経基公の子を身籠ったが、経基公の正妻が妬ましくなり、鬼女となって呪いをかけたという。しかし延暦寺の高僧によって鬼女であることが見破られてしまい、信州戸隠・鬼無里《きなさ》に追いやられた。だが、鬼女紅葉として山中に君臨し、妖術をもって里を支配した。ただ、紅葉は都への想いが断ち切れず、山に住む民たちや、平将門の残党を従え、資金源調達に商人を狙うようになった。これが朝廷に知れわたると、平維茂が討伐の命を受けて鬼女の住む山に進撃した。待ちかまえた紅葉たちは、美しく装って毒の酒をすすめたが、維茂に見破られ、鬼女の正体を現したところを討たれたという。この討伐が「紅葉狩」と呼ばれたのだ。

　この紅葉討伐の際にはおまんという女戦士が傍らにいた。長髪で、身長は8尺、35人の男に匹敵する力もちだという。おまんは紅葉が倒れるまで果敢に戦ったが、その恐ろしい自分の姿を見て、仏に帰依した。一夜で千里を走ったことからおまんは「足神様」として地元の神社に祀られている。戸隠では山の民自体が、里の人間から見るとおまんのように野生の霊力をもつ「鬼」とみなされたようだ。

　なお、美しくてこわい女の妖怪「清姫」と「紅葉」を演劇によって欧米に広め、妖怪の死の場面の美しさで客を魅了したのが、あの川上貞奴だった。

　紅葉がいた鬼無里という地名は、意味深な名前だ。昔、飛鳥から都をこの地に遷都する計画が持ち上がったとき、鬼たちが一夜で山を築いて対抗したという。天武天皇は阿部比羅夫《あべのひらふ》を遣わして鬼たちを退治させ、鬼無里という名にしたといわれた。紅葉に従った山の民たちを、この鬼の子孫と見る向きもある。

【紅葉にまつわるスポット】
松巖寺（鬼女紅葉の墓）、鬼の塚（平維茂が紅葉の首を埋めた墓）がある。平維茂を合祀している大昌寺、平維茂の矢に関する栅神社、ほかにもたくさんある。

鴆

信州の飯嶋ほか、起源は中国

長野県

有毒とされた「森カラス」。16世紀の絵入博物書『ゲスナーの動物誌』より

信州にもいた、毒をもつ怪鳥《けちょう》

中国で千年以上前から記録のある怪鳥。全身まっ黒で、首のまわりに赤い羽毛がある。目も血で満たされ、赤く光る。蛇（とくに毒蛇が好き）を踏みつけて食べる。

中国の『本草綱目』（李時珍著）に、次のようにある、「この鳥は鷹やフクロウに似て、黒紫色の羽毛に黒い目、赤いくちばしをもっている。チンに食べられた蛇は口に入ったとたんに毒をだし、それが鳥の毒となる。もしこの毒にあたったら、サイの角が解毒剤となる」。

この鳥の羽を水につけると毒が溶けだすので、「チン酒」を作った。この毒酒は無味無臭、少量で人を中毒死させられるため、王侯の暗殺に使われた。

日本の文献にもチンの記録がある。江戸時代の奇談集『甲子夜話』に、「信州の飯嶋で、土地の者が小鴨ほどの鳥を捕まえた。大鍋に鳥の肉を入れて煮たが、気味悪いので川に捨てた。翌日、川には下流まで大小夥しい数の魚が死んでいた」とある。

山㺐（さんそう）

木曽（長野県南西部）の深い山の中、文政年間初頭の妖怪

長野県

李冠光賢 画・鍋田玉英 模
『怪物画本』より

1mほどの草鞋《わらじ》を履く山怪

まっ黒の大きな体で、薄赤い顔に白く光る茶碗ほどの大きい目をしている。江戸時代に木曽の山中で、1mほどの大きさがある、藤のつるで編んだ草鞋《わらじ》が見つかった。誰のものかしばらくわからず、不思議がられた。しかし、そのあとに木曽で、早朝に山へはいった木こりがなにかを壊すような物音を聞き、そこにまっ黒い巨大な人影を目撃した。随筆『想山著聞奇集』によれば、木こりは山小屋へ逃げ込んだが、あまりの恐ろしさにそのまま3日間寝込んだ。

この巨人は中国から伝わった山㺐《さんそう》と考えられている。日本ではこれを「やまわろ」と読む。平素は蝦蟹（ザリガニ）などを食べ、大きな爆竹のような音を嫌う。もし山㺐の機嫌を害せば、病気にされられる。

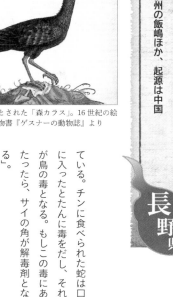

馬魔《ぎば》

美濃国（現・岐阜県）、尾張国（現・愛知県）、
近江国（現・滋賀県）ほか、江戸時代の妖怪

岐阜県

地域によって、娘が死んで馬魔になるとも伝わる
（イラスト：蘭陵亭子梅）

馬を襲う小さな美しい女妖怪

緋色の着物と金の頭飾りを身に着けた小さな女の妖怪で、玉虫色の小馬に乗る。空から馬を襲い、馬を殺すという。頽馬《たいば》という「風の怪異」の同類らしい。

浅井了意の『御伽婢子』に「鎌鼬附頽馬風」の項目で頽馬の説明がある。つむじ風が砂を巻き込んで渦を作り車輪のように馬の前方を回転する。つむじ風は大きくなって馬の上へ移動したてがみを立たせ、赤い光が細い糸のように入り込むという。馬は後ろ足で立ち、嘶いたあと打たれたように倒れて死ぬ。このつむじ風は刀で切り払い、真言を唱えれば風はやんで馬は傷つかないとしている。

しかし物理学者の寺田寅彦は、馬魔については頽馬と異なり、空中放電による現象と考えた。

覚《さとり》

飛騨や美濃ほか、江戸時代の妖怪

岐阜県

覚は人の心を読むという妖怪だ
（イラスト：蘭陵亭子梅）

人の心を読み取る
臆病な山の怪

二本足で歩く黒い毛の大きな猿

のような姿の妖怪。人が暖をとるためにおこした火にあたりにきたり、親交のある人の仕事を手伝ったりするという。人語を話し、さらには人の心を読むといわれていている。飛騨美濃の山奥にいた覚は人に害を加えることはなかった。もし逆に人が覚に危害を加えようとしても、こころを読まれて先に覚が逃げだすという。他県にも伝わる話だが、薪を割っていて、偶然覚に当ててしまったとも伝わっている。こころは読めても、予見はできないと考えられている。

　中国に伝わる玃猿《かくえん》、玃《かく》という妖怪がいる。人間くらいの猿のような姿で、山に入った人の性別を匂いでかぎ分け、女だとさらいにくるという。さらわれた女は玃の子を産まされる。このとき玃は母子を里に返し、人間として子育てさせる。母親が子育てを放棄すると母親自身が死ぬといわれていて、仕方なく育てるという。育った子は人と変わらず、人間社会に加わるというが姓をもたないため、仮に「楊」の名を名乗る。子が生まれなかった女は、玃と暮らし、姿や行動まで同化していくという。

　この中国の玃から日本では覚や山彦（94ページ参照）が派生したと考えられている。

　ちなみに京都府や和歌山県の民話には「さとりのわっぱ」といって、人の心を読む人間の娘の姿をしている。まばたきするまぶたが下からとじるという。ところで「悟る」という言葉があるが、「覚る」と同訓異義で、「覚る」は感づくことで、「悟る」は仏教の迷いが開けて真理を会得することを指す。覚から仏教と直接結びつつくエピソードは今のところ見つかっていない。

出《しゅっ》世《せ》螺《ぼら》

遠州今切、戦国時代の妖怪

静岡県

竹原春泉『絵本百物語』より
（模写・着色：應矢舞利子）

法螺貝の出世は地震がともなう

深い山に住む法螺貝が年を経た末に、龍に化身するという。その歳月は山に三千年、里に三千年、海に三千年という。『絵本百物語』にその模様が描かれている。

激しい雷雨が起こり、山が振動し、なにかが抜けだしたような穴があく怪異を「宝法螺ぬけ」といい、このあとを「出世のほら」と呼ぶ。湖西市の浜名湖で明応７（１４９８）年の大地震、永正７（１５１０）年の地震に、津波が発生し、浜名湖は海とつながったが、今切《いまぎれ》に法螺が抜けたあとがある。

このような、何者かが地面から抜けでて災害と関係をもつ現象は、法螺貝ばかりでなく、「千年モグラ」や「大蛇」にもかかわりがある。「蛇抜け」「蛇崩れ」などと呼ばれる陥没あとがそれで、彰義隊と官軍が戦った上野では、その砲弾のあとらしい穴も地元で千年モグラが抜けでたあととされている。

絡新婦・女郎蜘蛛

伊豆市の浄蓮の滝、江戸時代の妖怪

静岡県

鳥山石燕『画図百鬼夜行』より
（模写・着色：應矢舞利子）

糸の先に待つのは美しい蜘蛛の怪

美しい女の姿に化けて人を襲う蜘蛛の妖怪。静岡県伊豆市の浄蓮の滝で男が滝壺のそばで休むと、女郎蜘蛛が男の足とどこかを何度も行き来し、気がつくと無数の糸が足を巻いていた。男はその糸を近くの木の切り株に結びつけると、しばらくして切り株は強い力で滝に引き込まれていったという。女郎蜘蛛が男を滝に引き込もうとしたのだと現在も浄蓮の滝資料館で伝承が伝えられている。

実在にもジョロウグモという種がいる。雌との交接を巡り、雌の網に雄が数匹いることがある。交接は雌の脱皮後や摂食中に行われるので、しばしば雌が間違って雄を捕食してしまうこともある。糸が切り株を引き入れる話からもわかるように、非常に強力で、鳥も捕獲するほど頑丈なのだという。

【賢淵】
宮城県仙台市の賢淵にも似た伝承がある。危険を回避できたとき、どこからか「賢い、賢い」と声がして由来になった記念碑がある。

岡崎騒動の化け猫

岡崎、江戸時代の妖怪

愛知県

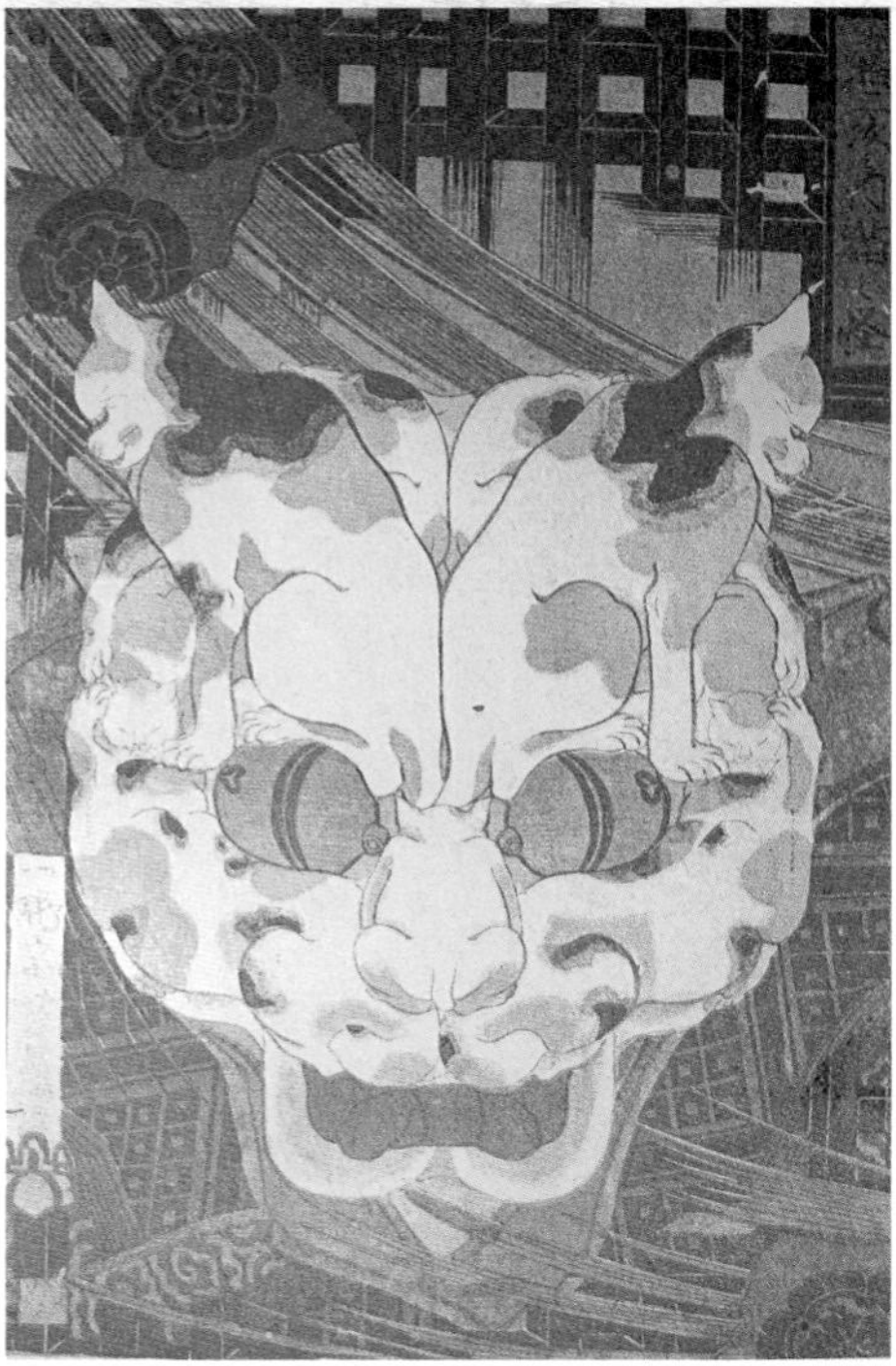

歌川芳藤『五拾三次之内猫之怪』より

猫石が女の霊と合体し人の世に復讐の嵐を吹かせる

「日本三大怪猫伝」の1つに数える人もいる「岡崎騒動」。これに登場する化け猫は猫石という怪石の精と、哀れな死を迎えた女の霊とが合体したものだ。歌舞伎の『独道中五十三駅』にも登場する。

夫・藤助と赤子を連れたお袖は、旅の途中に幼馴染みのおくらに会い、宿場外れの古寺に案内されたが、そこに姉のお松の幽霊が現れた。お松は母親の薬代を稼ぐために身売りしていたが、呪われて醜くなり、死んだ。ところが姉はお袖の夫・藤助の不倫相手であり、姉と知らずに呪っていたことが明らかになった。お袖は絶望して死ぬ。

寺ではお袖の母親の姿をした化け猫が行灯の油を舐めていた。化け猫はお松の霊と猫石という怪石の精が合体した姿となって、自分の正体を藤助に告げ、赤子とお袖の亡骸を連れ去っていった。この物語は各地に広まり岡崎の化け猫騒動となった。しかしもともとの舞台は静岡県の宿場町・現代の岡部町とされ、同地には猫石も存在する。

【日本三大怪猫伝】一つは肥前佐賀藩で起こった「鍋島の化け猫騒動」、もう一つは久留米藩で起こった「有馬の猫騒動」。三つ目に「阿波の化け猫騒動」を挙げるひとも多い。図は「佐賀怪猫伝」。

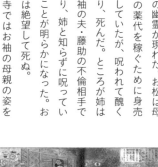

おとら狐

南設楽郡八名郡、安土桃山時代の妖怪

愛知県

化け狐の恐ろしさが伝わるおとら狐
（イラスト：蘭陵亭子梅）

病気のある人に取り憑く狐

　左目を失明し、左足を痛めた狐の化け物で、人に取り憑く。もとは長篠城の鎮守森の稲荷だった。天正3（1575）年の長篠の戦いを櫓に登って見ていたとき、鉄砲の流れ弾で左目を失明し、その後信州犀川の岸で昼寝をしていると、狩人に対岸から狙撃され、左足を撃たれた。その恨みから狐は人に憑依するようになり、取り憑いた者に同じ痛みを負わせるため、左目から眼脂（目やに）がでて、左足が痛むという。ほかにもおとら狐は取り憑いた者の体を通して自身の身の上について語ったり、長篠の戦いについて話したりしたという。

　おとら狐は病人や老人、まれに健康な人間にも取り憑くという。とある70代の老人が取り憑かれたとき、村の者が二、三人ずつ交代で見張っていた。すると魚を食べたいといいだしたので生魚だけを皿にのせてだすと、布団から頭をだした老人が歯もないのに骨まで残さず食べたという。

　おとら狐に憑かれた者は最後には亡くなるといわれ、恐れられているが、行者に落としてもらうことができる。いわゆる「狐払い」だ。さらに遠州犀川水窪町（静岡県水窪町）の山住神社から山住（お犬）さんを迎えれば、かならず払えるという。

【城藪稲荷神社】

愛知県新城市長篠大通寺山にある、おとら狐を祀った神社。もともとは長篠城跡にあったが、２００６年に大通寺境内に移転・安置された。

無三殿《むさんど》

鹽竈《しおがま》神社の妖怪

愛知県

無三殿は、人間の子どもと水遊びをするという
（イラスト：蘭陵亭子梅）

お尻の病気を癒す神様の河童

尻子玉を取ると恐れられる河童とは異なり、尻にできた悪い痔を抜き取るという珍しい河童。

中川区には昔、中川（現・中川運河）、笈瀬川という河川が流れ、現在の山王橋付近で合流し、とても澄み切って清らかで尾張の名所の1つに数えられていた。

この近くに松平康久入道無三という武士の屋敷があったことから、この付近に住む河童に親しみを込め「無三殿さん」と呼び、敬って川を汚す者はいなかったという。ここには無三殿主神と刻んだ巨石があり、ここを訪れた痔に苦しむ者たちは山王橋で堀川の水面に尻を映すと、無三殿が悪い痔を治してくれるという。また、出産時の守り神として、鹽竈《しおがま》神社では「無三殿大神」として祀られている。

第三章

西日本篇

共潜き（トモカヅキ）

鳥羽市、志摩市の妖怪

三重県

海に潜ると、もう一人の自分の姿が……（イラスト：蘭陵亭子梅）

自分が二人？ 無害に見えても油断大敵

海女が海に潜ると、自分そっくりな海女が一緒に潜っていることがある。この妖怪の名をトモカヅキ、つまり「一緒に潜る人」という。海女がにっこり微笑めばアワビをくれたりするが、後ろ手に受け取らなければ海中に引き込まれる。これを見分けるのは非常に難しいが、海女がかぶる鉢巻の先をとても長く引きずっていることで見分けがつくらしい。志摩地方の海女はこの怪異にあわないように頭巾や衣服、道具に九字や星形の印をつけ、魔除けにしたという。

この妖怪については、鳥羽市内に就職していた江戸川乱歩が海女の習慣とともに関心をもった。その親友で乱歩作品に挿絵を描き、男色の研究でも協力者であった岩田準一が、著書『志摩の海女』で細部を語っている。

海の作業は危険と隣り合わせだ。三重県ではもし海で死体があがると「磯なでされた」というらしい。長崎県、佐賀県にもサメのような姿の妖怪「磯なで」がいる。

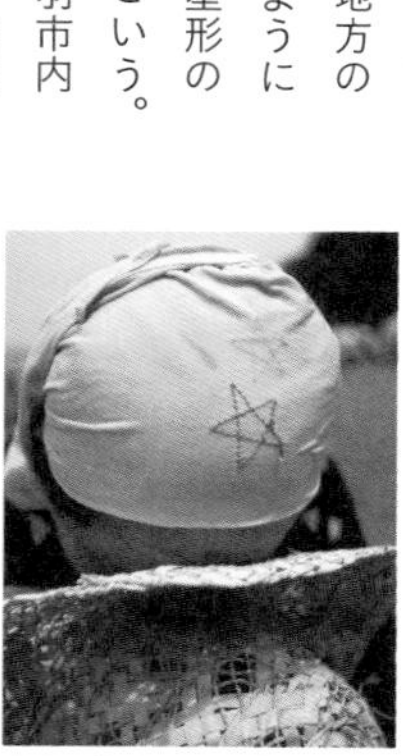

鳥羽の海女さんは今も、妖怪除けの「印」をつけて潜る

【志摩半島（しまはんとう）】リアス海岸になっていて、普段は穏やかな波なため、真珠や青のりなどの養殖にむいている。また、アワビを採る海女の里も有名。

藤原《ふじわらの》千方《ちかた》の四鬼《よんき》

三重県津市、伊賀、伊勢地区、平安時代の妖怪

三重県

朝廷に歯向かう藤原千方が使役した四鬼（イラスト：應矢泰紀）

それぞれが異なる能力をもつ藤原千方配下の四鬼たち

天武天皇の時代、朝廷への反旗をくわだてていた藤原《ふじわらの》千方《ちかた》に仕えた四人の鬼。金鬼、風鬼、水鬼、隠形鬼という名で、それぞれ特殊な能力をもっていた。

・金鬼《きんき》はどんな武器も弾き返してしまう堅い体をもった鬼。
・風鬼《ふうき》は強風を繰りだして敵を吹き飛ばす鬼。
・水鬼《すいき》はいかなる場所でも洪水を起こして敵を溺れさせる鬼。
・隠形鬼《おんぎょうき》は気配を消して敵に奇襲をかける鬼。「怨京鬼」とも。

藤原千方の討伐にでた紀友雄《きのともお》は、「草も木も　我が大君の国なれば　いづくか鬼の　棲なるべし（草も木も、この世に生を享けるものはすべて天皇の治に従う。鬼といえども、天皇に背いてこの国に住むことはできない）」と歌うと、四鬼は退散してしまった。この四鬼の性質は伊賀の忍術の祖となったといわれている。

藤原千方は平将門や土蜘蛛たちとならび朝敵となったと『太平記』に記されている。奇しくも平将門追討で有名な藤原秀郷の六男に藤原千方という人物がいるが、この人とは別人だ。

【千方餅】
三重県津市白山町真見にあるリバーパーク真見で販売されている。千方たちが漫画イラストで描かれたパッケージになっている。

【藤原千方窟】
三重県伊賀市高尾にある洞窟。四つ鬼の窟ともいう。ここで籠城し、戦ったといわれている。

片《かた》輪《わ》車《ぐるま》

甲賀郡、寛文年間の妖怪

滋賀県

鳥山石燕『今昔画図続百鬼』より
（模写・着色：應矢舞利子）

見てはいけない 火炎の車の女

火炎に包まれた片輪の車に女が乗った姿の妖怪。夜な夜な村を徘徊するという。これを見たものは祟られる。

ある夜、物見高い女が家の戸の隙間から片輪車を覗き見た。すると片輪車は女に「わたしを見ているよりも自分の我が子を見よ」と言い放った。女は振り返ると自分の子どもの姿がなかった。女は嘆き、罪は自分にあり、子どもの行方が心配だという一首を詠んで戸口に貼りつけた。すると次の日の夜、「優しいものだ。それなら子どもは返そう。人に見られては、わたしはここにはいられない」と告げて子どもを返したあと、片輪車は村に現れなくなった。

「かたわ車」は、滋賀と京都に現れたが、その姿が異なっていた。京都に現れたほうには牛車の車輪のまん中に男の顔がついていて、のちに「輪入道」と改名され、滋賀には「片輪車」が残ったようだ。

片輪車と似た妖怪に「火の車」というのもある。性質が異なるため、別の妖怪と考えられる。火の車は京都に現れた。とある下女が夜分になにげなく窓から外を見ると、火のついた車に実家の母親が乗せられ、苦しい悲鳴をあげているのを目撃した。下女は慌てて救いにでたが、家人がそれを止めた。下女は体に火傷を負い、火の車はどこかへ消えていった。次の日の夕刻、下女の母親が亡くなったと連絡が届いた。生前、悪行を重ねた者は、地獄から火の車が迎えにくるという。下女はその場面を見てしまったのだった。

この火の車と関連する妖怪に「火車」（50ページ）がいる。

北斎漫画に描かれた京都の「片輪車」「輪入道」はまだ浸透していなかった？

鉄鼠・頼豪鼠

延暦寺、三井寺、平安時代の妖怪

滋賀県

李冠光賢 画・鍋田玉英 模
『怪物画本』より

断食で怨霊となった僧の復讐

平安時代中期に頼豪という天台宗の僧がいた。頼豪は皇子に恵まれなかった白河天皇のために御子誕生の祈願を行い、無事に親王を誕生させた。その際、三井寺に戒壇院の建立を願いでたが、当時対抗勢力だった延暦寺に妨害され、却下された。これを恨んだ頼豪は断食を行い、怨霊になって白河天皇の皇子・敦文親王を呪詛で殺した。次いで巨大なネズミ（鉄鼠・頼豪鼠）となった頼豪は、多くの鼠たちを引き連れ、延暦寺の経典を食い荒らした。呪いを恐れた延暦寺は頼豪を祀る「鼠の秀倉《ほくら》」を建て、三井寺もまた十八明神社（ねずみの宮）を建てることになった。

鼠が経典を食い荒らさないために、中国から猫が輸入された理由は、この妖怪ネズミにあったといわれる。

【鼠の秀倉（ほくら）】
滋賀県大津市坂本に小さなお社がある。

【十八明神社（ねずみの宮）】
滋賀県大津市園城寺町、三井寺の境内の中にある。

宇治の橋姫

宇治橋、嵯峨天皇の時代の妖怪

京都府

復讐心が橋姫にした
（イラスト：應矢泰紀）

生きながら鬼となった無慈悲な鬼神

殺戮を繰り返す女の鬼神。もとは人間の娘だった。公卿の娘がとある女に深く嫉妬し、自分を鬼神にしてほしいと貴船大明神に願うと、21日間宇治川の間に浸れとお告げが下った。娘は髪を5つに分け5本の角にし、顔に朱をさし体には丹を塗って全身を赤くし、鉄輪《かなわ》を逆さに頭に載せ、3本の足には松明を燃やし、さらに両端を燃やした松明を口にくわえ、計五つの火を灯した。そのようにして宇治川に21日間浸ると、貴船大明神の言ったとおり生きながら鬼、「宇治の橋姫」になった。

橋姫は、妬んでいた女やその縁者、相手の男の親類を殺していったが、ついには無差別に殺人を繰り返すようになった。男を殺す時は女の姿、女を殺す時は男の姿になって殺したという。この伝承から謡曲『鉄輪』と、「丑の刻参り」という言葉が世に広まった。

【橋姫神社】
京都府宇治市宇治蓮華にある神社。ここでは橋を守る女神・瀬織津媛（せおりつひめ）を祭っているが、橋姫と同一視され、縁切り・悪縁を切るご利益があるようになったという。源氏物語「宇治十帖」ゆかりの古跡でもある。

九尾の狐・玉藻前

京都市、平安時代の妖怪

京都府

歌川国芳「班足太子と九尾の狐」より
（出典：Wikipedia）

最強で最恐の九つの尾をもつ化け狐

妖狐のなかでももっとも強い霊力をもつといわれているのが九つの尾をもつ「九尾狐」。なかでも有名な「白面金毛九尾の狐」はインドのマガダ国で班足太子の妃である華陽夫人に化け、国を弱体化させ、次に中国に移り絶世の美女といわれる妲己に化け、紂王を誘惑し国を滅亡させた。実はこの妲己は、世界を創生した神・女媧が紂王の無礼な発言に怒り、後宮に迎える妲己に狐の魂を入れ変えたのだという。その後遣唐使の船に乗って日本に移り住み、今度は鳥羽上皇を病で苦しめた。しかし陰陽師・安倍泰親（泰成とも）が上皇の寵愛する女官・玉藻前の正体が九尾の狐と見抜き、玉藻前は真言によって術が解かれてしまう。九尾の狐は宮中を脱走し、栃木県の那須野まで逃げ、「殺生石」（35ページ）に変化したと伝えられている。

しかし作品によって設定も物語も少しずつ異なる。たとえば、『玉藻草紙』（京都大学附属図書館所蔵）によれば、よい香りのする博識な藻女《みくずめ》という下女が、清涼殿の中で玉が輝くように光ったことから「玉藻前」と呼ばれるようになったとある。その後、安倍泰成によって正体が明かされるのだが、この絵巻物に描かれる玉藻前の正体は尻尾が二本の狐であり、栃木出身の「那須野の狐」とされている。

狐は同じ変化をする狸と比べ、どこかこわいイメージで見られているようだ。ずるがしこい印象や狐憑き、もちろん九尾の狐のような大妖怪がいるのだから、当然だろう。

しかし稲荷信仰において稲穂を鼠から守ることから狐が祀られ、豊穣をもたらす大事な信仰対象でもある。だが一方で、荼枳尼天は裸身で人肉を食べるとされている恐ろしい羅刹神でもあり、日本に伝わったとき白い狐に乗っていると信じられた。日本の豊穣の神ウカノミタマノカミとも合流し、日本の信仰のなかではどちらにしてもおろそかにできない、畏怖する存在となった。

【玉藻稲荷神社】

栃木県大田原市蜂巣にある神社で、ご祭神は玉藻前。京から逃れ、蝉に変化して隠れていたところ、池に映った姿で九尾と知れ、討たれたところだという。

件《くだん》

丹後国・倉橋山ほか
天保7（1836）年の妖怪

京都府

件は生まれてすぐ予言を告げて死ぬ
（イラスト：蘭陵亭子梅）

瓦版で広まった災害除けの獣の「代表」

人面牛身の予言する妖怪。「人」と「牛」をつなげると漢字の「件」になることから名づけられたという。

天保7（1836）年12月の瓦版で紹介された内容によると、丹後国・倉橋山に件が現れたという。過去、宝永2（1706）年12月にも件が現れ、その後豊作が続いたという。件の絵は貼っておけば、家内繁昌し疫病から逃れ、一切の災いを逃れて大豊年となる、という。このとき天保の大飢饉の時代で、来年こそはよい年になってほしいという願掛けの気持ちから瓦版に載せられたのかもしれない。しかし実際は、飢饉はそのあともしばらく続いたようだ。

予言する妖怪を総じて予言獣と呼ばれるが、ほとんどの予言獣と比べ、この「件」だけは死んで、遺体を残したという点で大きく異なる。

大正の時代、のんで治る痔の薬のキャッチフレーズとして「依而如件（よつてくだんのごとし）」つまり「（わたしの）言ったことに間違いなし」という言葉が使われ、件の絵も描かれた。

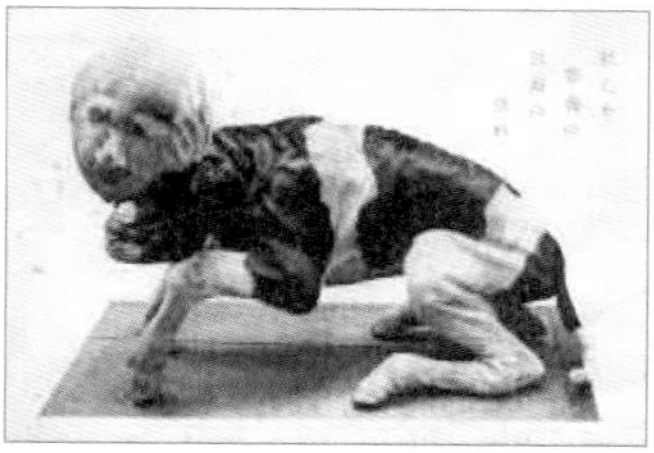

件の実物標本とされるもの
明治時代の絵ハガキ

酒呑童子

大江山、平安時代の妖怪

京都府

李冠光賢 画・鍋田玉英 模
『怪物画本』より

大江山より都を狙う鬼の眷属の首領

大江山に住む鬼の首領。怪力の持ち主で多くの眷属を従えていた。都にやってきては人をさらって食らい、金品を奪っていくため、人々から恐れられた。朝廷からの命で源頼光と四天王、藤原保昌が討伐にでた。正面からでは太刀打ちできないと考え、山伏の格好で酒呑童子たちの住む屋敷を訪れ、酒を飲ませ、笈《おい》に隠していた武具で酔った酒天童子の首をはねた。首は「鬼に横道はない（鬼は騙すような卑怯なことはしない）」とののしり、頼光の兜に噛みついたが力尽きたという。

酒呑童子のルーツにはさまざまな説がありすぎる。越後（新潟県）の美貌の「外道丸」や、近江（滋賀県）の「伝教大師へ弟子入りした稚児」など、どれも興味深い。ロシアからきた外国人（シュテンドルフ？）だという人もいる。

なお、髪型や童子という名から「子ども」が意味されるのは、もと捨て子だからで、本来は「捨て子童子」だったとも。興味ある問題だ。

【首塚大明神】
京都府京都市西京区大枝沓掛町にある酒呑童子の首塚。

【酒呑童子神社】
新潟県燕市国上にある神社。縁結びの神として酒呑童子を祀っている。

土《つち》蜘《ぐ》蛛《も》

北野天満宮近辺、平安時代の妖怪

京都府

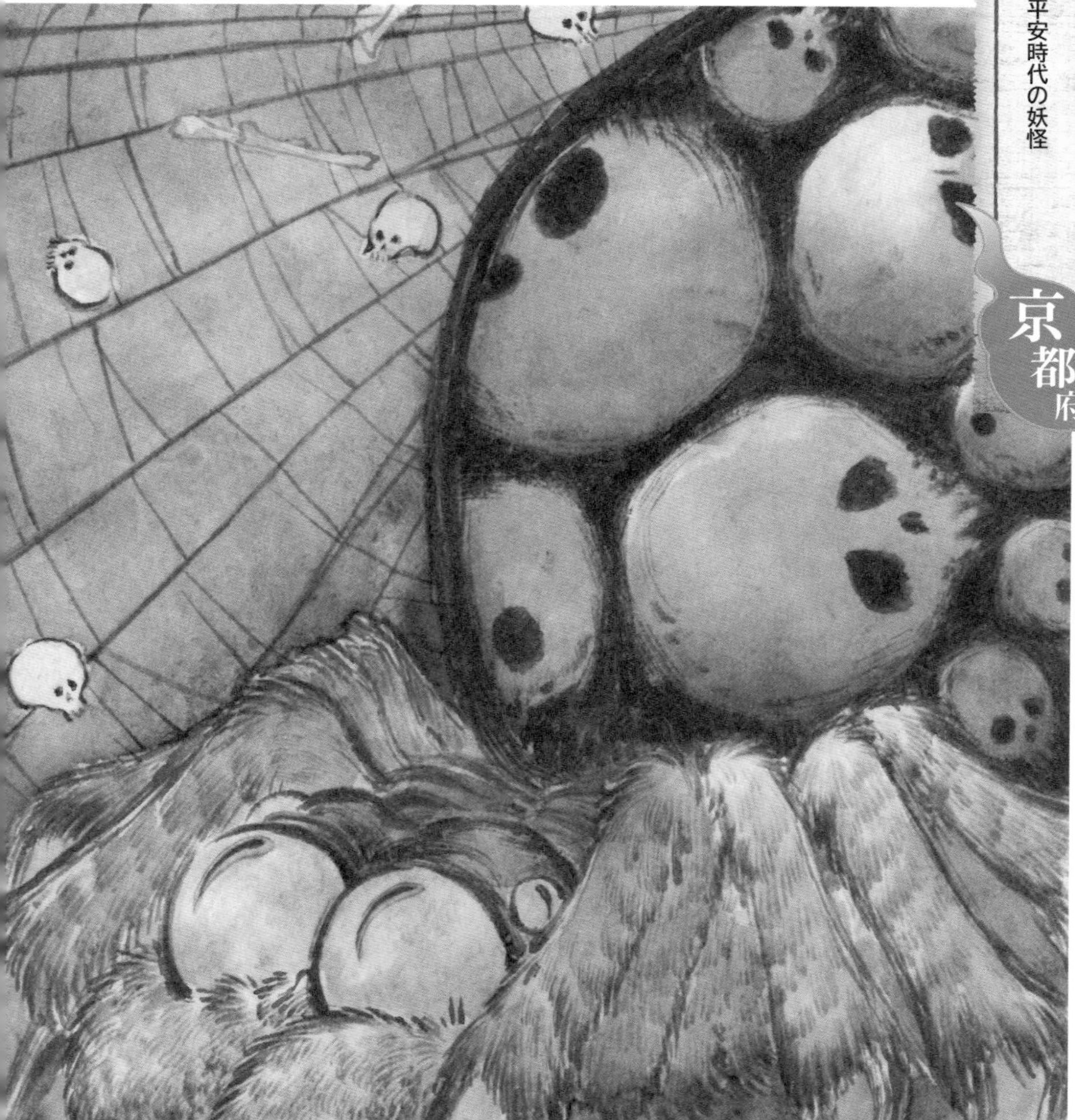

土蜘蛛の腹を切るとたくさんの人の骨がでてきたという
（イラスト：蘭陵亭子梅）

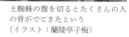

権力に媚びない ダークヒーロー

変化の術をたくみに使い、さまざまな姿に変身するが、正体は巨大な蜘蛛の姿をしている。数々の妖怪を退治したことで知られる源頼光に対し、病に伏せていたところを坊主に化けたり、古びた屋敷で美女に化けて招きあげたりして殺そうとした。危機を脱した頼光は四天王を引き連れ、本性を現した巨大な土蜘蛛とその手下たちに一戦を挑み、退治する。

明治時代に区画整理で北野天満宮付近の道路工事が行われた際、偶然大穴の痕跡を見つけたという。そのなかの遺物だった石灯籠の火袋の部分を持って返った者がいたが、土蜘蛛の呪いによって不運に見舞われ、現在火袋は東向観音寺が預かり、蜘蛛塚として祀られている。

源頼光に登場する土蜘蛛よりも以前から、この妖怪については語られている。平安遷都にともない、もともとこの地域に住んでいた先住民の穴居人を土蜘蛛と呼んでいたという説がある。古代の奈良でも朝廷に従わない先住民を土蜘蛛の名で『古事記』や『日本書紀』などに登場している。なかでも奈良県葛城山中の先住民は背が低く手足が長い。洞窟で生活していたことから、土蜘蛛と蔑称していたと考えられる。

朝廷に従わない者は「まつろわぬ民（順わぬ民＝順じない民）」と呼ばれ、土蜘蛛や鬼として敵視されていただろうが、それはある意味立場の弱い者たちからすれば、ヒーロー像に映ったかもしれない。歌川国芳の有名な「源頼光公館土蜘作妖怪図」（まえがき4～5ページ参照）では、源頼光らに迫りよる土蜘蛛と奇怪な仲間の妖怪が闇から様子をうかがっているように見えるが、実はこの絵は「天保の改革」への庶民の不満を表したもので、源頼光は12代将軍徳川家慶、卜部季武は水野忠邦、渡辺綱は真田幸貫、坂田金時は堀田正睦、碓井貞光は土井利位を表している。妖怪たちも判じ絵になっており、歯のない妖怪は「噺家」（寄席が制限された）、ウリの妖怪「野菜売り」（初物野菜などの売買禁止）などが表現されている。右端の土蜘蛛の家紋や敷布の形も美濃部筑前守、矢部駿河守を表す。この布を思いっきり引っ張り上げて、政策をひっくり返したいという庶民の思いのこもった作品になっている。

明治時代に描かれた土蜘蛛の舞台図

【土蜘蛛塚】
京都市上京区観音寺門前町にある東向観音寺に土蜘蛛塚として火袋を弔っている。

【源頼光朝臣塚】
北区紫野十二坊町にある墓地にあり、「蜘蛛塚」とも呼ばれている。病床の源頼光を襲った土蜘蛛たちが、暗殺に失敗して退散した穴があったといわれている。

天狗（鼻高天狗）

日本各地、飛鳥時代から現れた妖怪

京都府

もともと鳥の姿だった天狗は、仏教の影響で、鼻高の山岳行者に変化した
（イラスト：荒俣 宏）

選ばれた8人の天狗

天狗は中世のころまで、烏天狗のように鳥の頭をした怪人として多く描かれていた。しかし、『天狗草紙』（永仁4（1296）年）で赤く鼻の高い人間の顔の鼻高天狗が登場する。

伝説によると、三井寺にいる名僧の学習風景を見たいと思った延暦寺の学僧が、幽体離脱して天狗になって三井寺にやってきた。障子に映った影に名僧は小刀で鼻を切りかかったため、学僧の天狗は慌てて鼻を押さえながら翼を広げ、これがきっかけで逃げていったという。最初は修験者の格好をした烏天狗が描かれていたものが、徐々に鼻が強調され、鼻の高い鼻高天狗に置き換わることになった。ちなみに赤顔になったのは伎楽面の影響で、鼻高で赤ら顔の面の影響だろうと考えられている。

江戸時代の以前より修験の山すべてに天狗の伝説があったといわれ、実力をもつ四十八天狗にまとめられていった。天狗たちを招聘するときに唱えられたという「天狗経」というお経があり、四十八の天狗の名を居住地とともに唱える内容になっている。この天狗たちは無数にいる天狗たちのリーダーで、大天狗と呼ばれるほどの実力をもつ。さらにこの四十八天狗のなかでも実力者として八天狗が選出されている。源義経に剣術や兵法を教えたとされる鞍馬山僧正坊もその一人だが、背景には平家と対立する人物像がうかがえ、天狗には素性の明かせない、後ろめたいものの印象がある。

ちなみに八天狗とは以下のとおりだ。

大山伯耆坊……神奈川・相模大山の天狗。もとは伯耆大山の大天狗。

飯綱三郎……長野・飯綱山の天狗。飯綱の法の祖とされ、管狐を使う。

比良山次郎坊……滋賀・比良山の天狗。もとは比叡山の大天狗。

愛宕太郎坊……京都・愛宕山の天狗。火を司る日本一の大天狗。

鞍馬山僧正坊……京都・鞍馬山の天狗。牛若丸に剣術や兵法を教えた。

大峰前鬼坊……奈良・大峰山の天狗。役小角に使役した前鬼。

白峰相模坊……香川・白峰山の天狗。崇徳院の御霊を鎮めるため移ってきた。

彦山豊前坊……福岡・英彦山の天狗。西海道（九州）を統括する大天狗。

また、烏天狗を小天狗とする考え方が定着したため、八天狗は鼻高天狗として描かれる傾向も生じたが、天狗を信仰する地域から反発があり、鳥の頭をした天狗の姿で今も描かれるところがある。

歌川国芳『武蔵坊弁慶降伏之図』より

ぬえ

清涼殿、平安時代の妖怪

京都府

歌川国芳『木曽街道六十九次』の「京都 鵺 大尾」より（出典：Wikipedia）

別府温泉の怪物館に展示されていた「ぬえ」

英傑の矢で倒された恐ろしき平安のキマイラ

毎夜清涼殿に出現したという化け物。『平家物語』によれば、頭は猿、体は狸、手足は虎、尾は蛇の合体した化け物だった。が、『源平盛衰記』では背が虎で足が狸、尾は狐になっているので、資料により違いがある。

平安時代の御所に夜なか出現した化け物は姿が見えず、おおむね声や音だけの怪異だった。その姿が可視化されたのは、室町時代前後からのことである。しかし、声だけの化け物は逆に人々の妄想を掻きたて、不吉なことが起きる前兆と恐れる人も多かったようだ。天皇といえども不気味な声に恐怖し、病に伏せてしまった例が見られる。

弓の達人の源頼政は、声のする黒煙を討ち、落下したところを家来の猪早太がとどめを刺した。丸木舟に乗せて鴨川に流され、大阪に流れついた先で鵺塚にほうむられた。この逸話から大阪港では鵺を西洋風にしたシンボルマークが作成されている。

【神明神社】
京都府京都市下京区神明町にある神社。ぬえを仕留めた矢じりは特定の日にしか見られないが、常時写真が設置してある。

【鵺池と鵺大明神】
京都府京都市上京区主税町、二条公園の北西にある。源頼政がこの池で矢や刀を洗ったことから、隣に鵺大明神が建てられている。

【大阪港振興協会】
大阪府大阪市港区築港にある。ぬえの紋章のグッズがいくつも作られている。ホームページを事前に参照して購入するのをおすすめ。

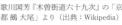

茨木童子

茨木市、新潟県、兵庫県ほか
平安時代の妖怪

大阪府

一条戻橋の上で女に化けて人を襲う茨木童子
（イラスト：應矢泰紀）

人の血で鬼に覚醒した酒呑童子の舎弟

大江山に住む鬼の首領・酒呑童子一番の舎弟の鬼。摂津の水尾村（現・茨木市水尾）の農民の夫婦の間に生まれた。髪は肩まで垂れ、歯が生え揃った姿で生まれてきたことで鬼子とみなされ、両親から捨てられた。しかし運よく床屋に拾われ、成長し、仕事をするようになる。ところがあやまって客の頬を剃刀で切ってしまったとき、偶然人の血の味を知って、鬼の姿になったという。

茨木童子のルーツには、新潟県、兵庫県の説もある。

酒呑童子の屋敷に現れた源頼光たちの襲来で、茨木童子が四天王の1人の渡辺綱と戦っている間に酒呑童子が討たれ、撤退した。茨木童子は綱を恨み、一条戻橋で美女に化け、渡辺綱へ恨みを晴らそうとしたが、逆に綱に腕を奪われてしまった。しかし茨木童子は綱の伯母に化け、腕の奪還に成功する。

これらの事件から鬼たちは渡辺綱を恐れ、子孫である渡辺の名字（字に違いはあるが）のものは、節分のときに「鬼は外」は言わなくても鬼は寄ってこないといわれている。

【茨木童子貌見橋石碑】
大阪府茨木市新庄町にある石碑。茨木童子が鬼の自分の姿を見た橋はもうなく、石碑となって残っている。

【いばらき童子】
茨木市のマスコットキャラクターにして観光特任大使。茨木市のあちこちに像を見かけるようになった。さまざまなグッズも販売されている。

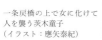

白《はく》蔵《ぞう》主《す》

大坂堺の少林寺ほかに伝わる、永徳元（1381）年に現れた妖怪

大阪府

竹原春泉『絵本百物語』より
（模写・着色：應矢舞利子）

殺生の罪を説く徳高い白狐

この魔物も、葛の葉と同じように正体は狐である。大坂は堺に建つ少林寺の住職、白蔵主は、とある竹林で霊力を秘めた三本足の白狐と出会った。まだ子どもだったので、寺に連れてかえってかわいがった。すると、この白狐は霊性を発揮し、未来を占ったり、盗難を防いだりして、住職を助けた。

ところで白蔵主には猟師の甥がおり、狐を捕らえては毛皮を売って生活をしていた。子ぎつねまで標的にすることを知った白狐は、この男を好かなかった。ある日、白狐は白蔵主に化け、猟師に殺生の罪の重さを説いた。しかしその帰り道、怪しんだ猟師が仕かけた鼠の天ぷらの罠に、うっかり引き寄せられた。白狐は本性を現してしまい、捕まり殺されたという。

この物語は狂言「釣狐」になっており、これを演じる役者は上演の際に少林寺に参詣し、祈祷を上げたうえに、境内の逆芽竹を杖として舞台で使用するようになったという。

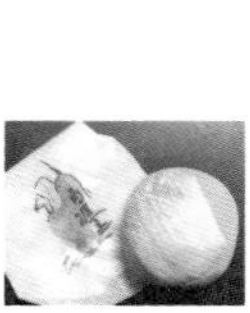

【曽呂利】
白蔵主の饅頭が少林寺から少し離れた和菓子屋「曽呂利」で販売されている。

【大徳寺龍源院】
京都府京都市北区紫野大徳寺町にある。龍源院に「白蔵主」の屏風がある。もとは大阪に住む者の持ち物だったが、屏風の狐が修行を望んでいると行者の助言を受けた。京都まで屏風を運んだが、龍源院の前で足が動かなくなったという。

【白蔵主稲荷明神】
大阪府堺市堺区少林寺町にある少林寺境内には、鎮守として白蔵主を祀った「白蔵主稲荷明神」の碑がある。その碑の後ろには、今でも逆芽竹が生えている。

お菊虫

姫路城、永正元（1504）年の妖怪

兵庫県

悲しいお菊の祟りが生んだ妖怪
（イラスト：寝猫）

悲劇の亡霊の呪い、ふたたび

『播州皿屋敷』でなくなったお菊が変化《へんげ》した怪虫。後ろ手に縛られた女の姿をしており、本州に広く棲息する。

昔、姫路城城主の家臣、青山鉄山には謀反の疑いがあり、女中のお菊はそれを探っていた。しかしそれをさとった鉄山の家臣は、家宝の10枚の皿のうち1枚を隠し、罪をなすりつけた。お菊は後ろ手に縛られ、殺されのちに姫路城城内の井戸に捨てられたのである。その後井戸から皿を数えるお菊の亡霊が現れ、鉄山たちを恨んだ。ところがこの怨念が具現化したのか、この井戸の周辺には、後ろ手に縛られたお菊のような虫が大量発生し、お菊虫と呼ばれ恐れられた。

お菊虫は実在する。ただしその正体はジャコウアゲハという蝶の蛹だ。昔、姫路ではマッチ箱より少し大きめの箱に入れ、この妖怪をお土産として販売していたといわれている。

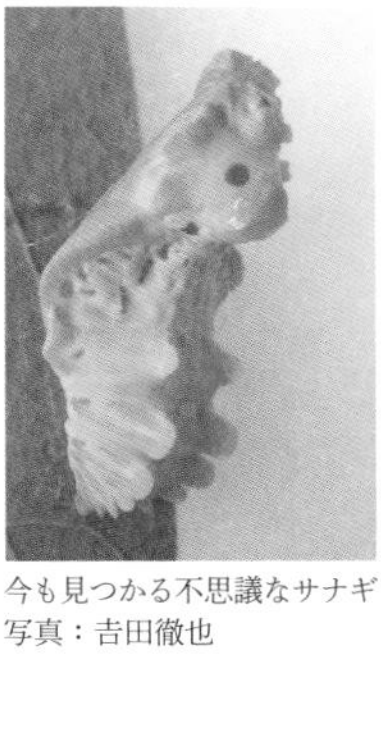

今も見つかる不思議なサナギ
写真：吉田徹也

【お菊井戸】
兵庫県姫路市本町、姫路城内にあるお菊さんがでるといわれた井戸がある。

【お菊神社】
兵庫県姫路市十二所前町にある神社。「三菊大明神」を祀っている。戦前ではこのあたりでお菊虫がお土産で売られていたといわれている。

刑部《ぎょうぶ》姫《ひめ》・長壁《おさかべ》姫《ひめ》

姫路城、江戸初期に現れた妖怪

兵庫県

凶悪な妹に慕われる凶暴な姉、刑部姫
（イラスト：蘭陵亭子梅）

天守に住む凶悪な姫君

姫路城の天守に隠れ住んでいるといわれている残虐で凶暴な妖怪。自分に従わない者であれば、阿闍梨であっても蹴り殺したといわれている。しかし勇敢で誠実な者には褒美を与えたとの言い伝えもある。コウモリのほか、多くの眷属を従え、人の心を読み、鬼神にもなるといわれる。

松浦静山の随筆『甲子夜話』にも記されており、人間を嫌うために天守閣に隠れて姿を現さないという。しかし、怒れば鬼となって姿を現し、人を殺す。属に、廣に住み着いてときどき姿を現す「城化け物」の代表とされる。

また、刑部姫を名乗る狐が宮本武蔵を騙そうとして失敗し、退治された話もある。福島県の猪苗代城の亀姫（28ページ）の姉と伝えられ、現在も刑部姫は天守閣にいるといわれている。

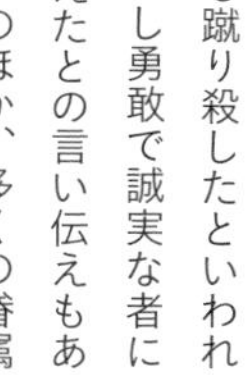

【姫路城】
兵庫県姫路市本町にある。大天守の最上階に「刑部大神」を祀る「刑部神社」がある。

【前橋東照宮】
群馬県前橋市大手町にある神社。1749年、姫路城の城主・松平朝矩が群馬県前橋に移る際に刑部神社を遷されてきた。

【泉鏡花の『天守物語』】
大正6年、泉鏡花によって書かれた戯曲『天守物語』は、刑部姫の伝承を参考にし、姫路城の天守閣に住む美しい姫妖怪・富姫が描かれている。劇中には義理の姉妹として亀姫（28ページ）も登場する。上演を望んでいた鏡花の生前に舞台化は果たされなかったが、現代までに舞台や映画、アニメにもなっている。

猪《いの》笹《ささ》王《おう》

大和国（奈良県）
吉野郡・川上村の伯母ヶ峰山にいた妖怪

奈良県

熊笹が体に生えた大猪のときの猪笹王
（イラスト：蘭陵亭子梅）

猟師に復讐をくわだてた一本足の山の神

一つ目で一歩足の妖怪に一本だたらという妖怪がいるが、猪笹王と呼ばれる異獣もこれによく似ている。一本足の鬼神の姿をしているが、目が1つかどうかに関しては記録がない。全身を熊笹で覆ったイノシシのような獣といわれる。

あるとき、紀州湯の峰の温泉に足を痛めた武士が湯治に現れた。部屋の中を見るなといわれた宿の主人だったが、うっかり中を見てしまうと、そこには背に熊笹の生えた大イノシシ・猪笹王が眠っていた。もともと伯母ヶ峰山にいた怪物だが、猟師に撃たれて負傷していた（あるいは殺されていたとも）。猪笹王は猟師に復讐が果たせず、その後一本足の鬼神になって、旅人を襲うようになった。しかし丹誠上人が地蔵尊を勧請して、鬼神を封じ込めたという。ただ、地元では、「果ての二十日（12月20日）」だけ猪笹王は解放される」と言い伝えられ、この日は山に入ってはいけない決まりになっている。

天目一箇神という鍛冶の神がいる。鍛冶場は片目をつむって作業したり、失明したりすることが多いため、目が1つといわれている。中国の神話に夔《き》という妖怪がいる。角のない牛のようだが一本足の妖怪で、日本に伝わり山梨岡神社に「夔の神」として信仰されている。もしかすると、一本だたらや猪笹王となんらかの関連性がありそうだ。

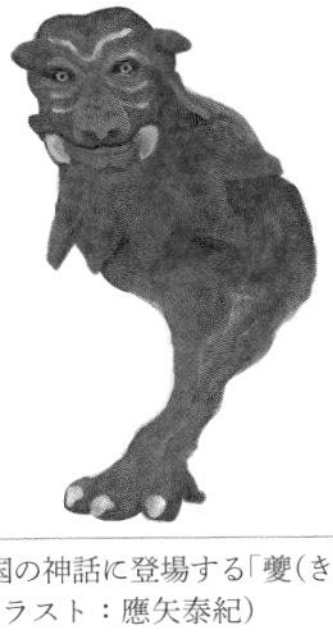

中国の神話に登場する「夔（き）」
（イラスト：應矢泰紀）

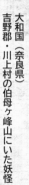

ガゴゼ・元興寺

元興寺、飛鳥時代の妖怪

奈良県

鳥山石燕『画図百鬼夜行』より
（模写・着色：應矢舞利子）

寺を襲った恐怖の鬼

僧の姿をした鬼。元興寺の童子たちは毎晩のように現れる鬼に襲われていた。鬼は髪と頭の革だけを残して子を連れ去り、殺すといわれた。しかし、雷神の申し子と呼ばれる童子が現れ、退治したという。

「ガゴゼ」とは寺の名称が簡略化されたもので、「鬼」「妖怪」をさす総称として当時使われるようになった。昔は子どもを脅かして戒めるときに「ガゴゼー！」と叫んだ。意味はほとんど「オバケー」や「モモンガー」と同じ、こわがらせるための擬音だ。

ガ行とマ行には恐ろしさを伝える力があり、「ゴジラ」の名が記憶に残るのも、そのような作用があるネーミングだからといわれる。音だけでこわくなる「ガゴゼ」は、すごい。

しかし鬼とはもともとどんな姿だったのか？　日本に鬼の姿がはっきり伝わったのは仏教伝来のころ、あの世の獄卒として知られた。それまで鬼とは「隠《おぬ》」から転じたもので、目に見えないものが原形だ。そこから日本では「視覚化」が始まった。

【雷神の申し子】
尾張国阿育知郡片輪里（現・愛知県名古屋市中区古渡町付近）で落雷が起こった際、雷神が地上に落ちてきた。近くの農夫が雷神を救ったが、その後農夫の妻が産んだ子どもは雷神のように生まれついての怪力の持ち主だったという。その後元興寺へ行き、鬼と戦うことになる。

【元興寺】
奈良県奈良市中院町にあるお寺。ガゴゼを童子が捕まえたときにひきはがしたという頭髪が、寺宝として残っているという。ガゴゼの描かれた絵馬を授かることができる。

寺つつき

法隆寺や四天王寺、飛鳥時代の妖怪

奈良県

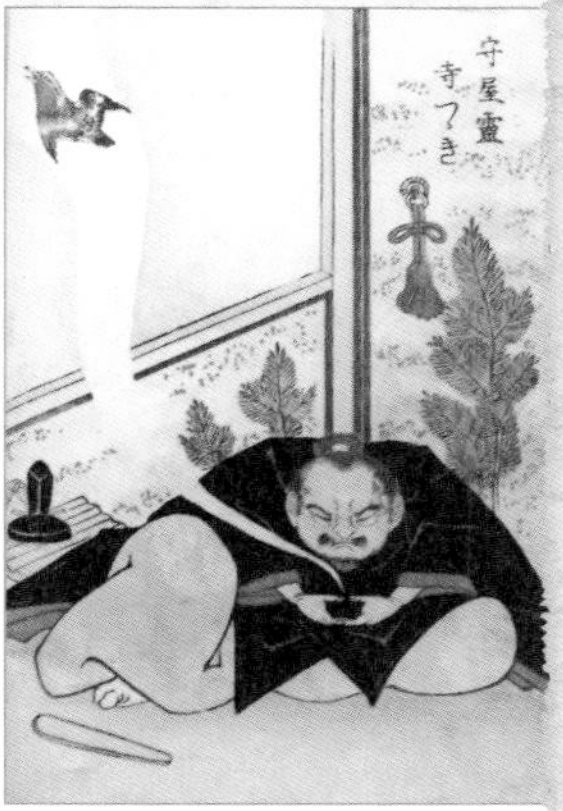

鍋李冠光賢 画・鍋田玉英 模
『怪物画本』より

寺を襲う怨霊と化した鳥

啄木鳥《きつつき》のアカゲラのような姿の妖怪。法隆寺や四天王寺に現れ、くちばしで寺を破壊しようとした。寺つつきは物部守屋が蘇我馬子に討伐されたのち、怪鳥の姿になった怨霊だという。

この話には、日本に伝来した仏教と、日本古来の神道との間にあった競合関係が、暗示されているようだ。物部守屋が古来の神々を信仰していたのに対し、蘇我氏は仏教に帰依《きえ》していたため、仏法に打撃をあたえようとした経緯にふれているからだ。その結果、四天王寺で聖徳太子が鷹と化し、寺つつきが退治されたという結末になっている。

聖徳太子には逸話が多いが、夢見石を使って未来を予知し、『未来記』という予言の書も残し、人魚を成仏させる話もあり、謎めいた人物だ。

【四天王寺】
大阪府大阪市天王寺区四天王寺にある寺。金堂2階部分の欄干（らんかん）のあたりに、聖徳太子の鷹にちなんだ、「鷹の止まり木」が祀られている。

ウガ

田辺町に標本がある海の怪生物

和歌山県

南方熊楠が所蔵していたウガの標本（南方熊楠記念館蔵）

不思議な尾をもつ神の使い

約60㎝の蛇に似た姿の霊魚。カイラギともいう。黒と白に塗り分けられた美しい模様をしているといわれている。尾は3つに分かれ、中央の尾は珠数のように球をつないだ形をとり、両端の尾は球がなく細長いという。泳ぎ方は海面に首をだし、蛇と変わらないといわれている。ウガが獲れるとその尾を切り、舟玉に供え祀れば漁に恵まれると伝えられている。

ある日、博物学者・南方熊楠の下に、実物が持ち込まれた。熊楠が昭和天皇と対面した際、まっ先にご覧に入れたのが、このウガの標本だった。この正体はセグロウミヘビと呼ばれるウミヘビの尾に、エボシガイ（コスジエボシ）という外洋系の甲殻類の一種が付着したものだ。渋沢敬三の『日本魚名集覧』によるとホタテウミヘビを紀州田辺ではウカと呼ぶらしく、共通性がある。

福を授ける仏教の弁天にあたる宇賀神は人頭蛇身でとぐろを巻く姿をしている。食物の神である「ウカの御魂」の異称でもある。このように、ウガという名には古くから神性が宿されていた。

カシャンボ

紀伊南部の妖怪

和歌山県

一本足で相撲が好きという妖怪カシャンボ
（イラスト：應矢泰紀）

山に入ればカシャンボに、川に入ればゴーライに

頭は芥子坊主で、6、7歳くらいの青い衣を身に着けた子どものような姿をしている。河童や山童の類とされているが、川にいる間は河童（ゴーライ）だが、山に入るとカシャンボになるという。人間の目には見えないが、犬には見えるらしい。

東牟婁郡高田村（現新宮市）の某家では新宮川から河童が挨拶にくるという。人には見えないため、小石を中に投げ込み、その後カシャンボになるのだという。

西牟婁郡富里村（現・田辺市）ではカシャンボは一本足で、ヒトツダタラともいう。雪の降った翌朝に一本足の足跡を残す。人に相撲をとろうともちかけるが、つばをつけてやると河童と同じで苦手らしく、勝つことができる。

カシャンボは山にのぼっても水鳥のような足跡を残すらしく、近年でも登山家が見たことのない足跡を発見するという。足跡が水鳥のようだというのは河童によく聞かれる特徴だ。古来より人類は足跡がどのような生物か生存をかけて想像してきた。想像力は大事だが、膨らませすぎて奇怪な怪物が誕生することがある。

英国の幻想画家 E.W. クックが著した一本足の怪物
『グロテスク・アニマルズ』より

清姫

道成寺、延長6（928）年の妖怪

和歌山県

李冠光賢 画・鍋田玉英 模
『怪物画本』より

悲恋の恐ろしい結末

鬼女の顔で長い蛇の体、口から火炎を吐く妖怪。ある時、清姫は、旅僧の安珍にひと目惚れした。しつこく迫られた安珍は迷惑に思い、また会いにくるからと嘘をついて先を急いだ。清姫はあとを追いかけ、やっと再会できた安珍に話しかけると、今度は知らぬふりをされた。もとからその気などなかったと知った清姫は怒り、蛇身になって追いかけた。事態を知って恐ろしくなった安珍は、道成寺に逃げ込んで、梵鐘の中なら安全と思い、降ろされた鐘に隠れた。しかし清姫はそれに巻きつき、火炎を吹きつけ、中の安珍をまっ黒に焼き殺したという。

後日、再鋳造された鐘が道成寺の鐘楼に設置されることになったが、清姫の怨霊により阻止され、鎮魂をしたあとに鐘楼につけても、鐘の音を聞いたものに災いがおよんだ。結局鐘は山中に捨てられたが、天正年間、秀吉の家臣の仙石秀久がこれを見つけ、妙満寺に納めたという。なお、この物語は説経節になって広く伝わり、道成寺の繁栄にもつながった。

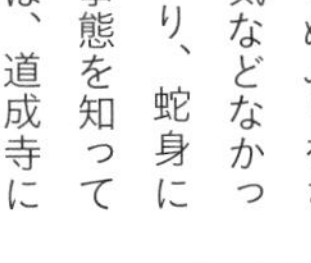

【道成寺】
和歌山県日高郡日高川町鐘巻にある寺。清姫の角といわれる異物が残されている。安珍と清姫のお守りや、キューピーストラップが授かれる。写真は安珍塚。

【清姫の墓】
和歌山県田辺市中辺路町真砂にある清姫の墓。近くに「清姫茶屋」もある。

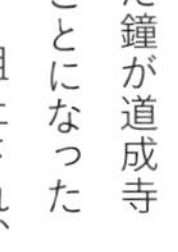

【妙満寺】
京都府京都市左京区岩倉幡枝町にある寺。ここには道成寺の鐘楼がある。ほかにも安珍と清姫が仲よく浄土にいる姿を伝える土鈴を授かることができる。

ヒダル神

熊野にある大雲取、小雲取（現・東牟婁郡新宮市と那智勝浦町の間）ほかの妖怪

和歌山県

餓鬼のような姿のヒダル神もいたという
（イラスト：斎藤 猛）

山中での空腹感には注意！

姿ははっきりとしていないが、白装束の亡霊で描かれることが多い。ヒダル神は悪霊で、取り憑かれると人は激しい空腹感に襲われる。

この悪霊に遭遇するのは山道や峠のほか、行き倒れがでた場所に多い。熊野の大雲取、小雲取（現・東牟婁郡新宮市と那智勝浦町の間）という2つの山のあたりに「餓鬼穴」という深い穴があり、そこを覗くとかならずヒダル神に憑かれ、食事したあとでも急激に空腹になるという。

博物学者・南方熊楠もヒダル神に遭遇した。明治34（1901）年の冬から2年半ばかり那智山麓にいた時、寒い日に急に脳貧血を起こし、精神が呆然として足も進まず、仰向けに倒れてしまったが、幸いにも背負っていた大きな植物採集品の入ったかばんが枕になって、岩で頭が砕かれるのを免れたという。

この現象は登山する人々の間でも発生する。状況が悪いなかで山に登った結果、肉体が極度の低血圧状態になり、いくら動こうとしても手足がまるで動かなくなるからだそうだ。

【ひだる地蔵】
奈良県吉野郡東吉野村鷲家にある地蔵。ヒダル神除けというのは珍しい。

【餓鬼の姿のヒダル神】
滋賀県と三重県を結ぶ御斎峠（おときとうげ）で、六道に伝わる「餓鬼」の姿のヒダル神が現れ、旅人を襲って食べたといわれている。

おさん狐

八上郡小河内（現・鳥取市）ほかの妖怪

鳥取県

「女狐」の発祥といわれるおさん狐
（イラスト：寝猫）

人と暮らし人を化かし
人に愛される女《め》ギツネ

美女に化け、既婚者や恋人のいる男に言い寄り、女を嫉妬させ、痴話げんかを起こさせる狐。男をたぶらかす悪賢い女を「めぎつね」というが、おさん狐から発祥しているといわれている。

八上郡小河内（現・鳥取市）にあったガラガラというところにおさん狐が住んでいたころ、谷口與忽平なる農民の男が、美女に化けたおさん狐を火であぶって正体をあばいたと伝えられる。與忽平は、この地を去って二度と悪さをしないという条件で狐を許してやった。すると数年後、伊賀山中で小河内に住む男が、とある娘に出会った。その娘から「與忽平はまだ生きているか」とたずねられたので、男が生きていると答えると、「やれおそろしや」と逃げていったという。おそらくおさん狐が娘に化けて同郷のものにたしかめたのだろう。

広島県中区江波地区の皿山公園付近にもおさん狐が住んでいた。高齢で、海路で京参りをしたり、伏見に位をもらいに行ったりと風格のある狐だったという。人を殺めることはなく、地元では愛される存在だ。

【おさん狐のブロンズ像】
広島県広島市中区江波東の江波車庫前の駅前におさん狐のブロンズ像がある。通りの名前も「おさん通り」で、「ニュー八重食堂」では「おさんいなりずし」を販売している。

【丸子山不動院（まるこやまふどういん）】
広島県広島市中区江波東にあるお社。おさん狐が祀られている。

呼子《よぶこ》、山彦《やまびこ》

鳥取市、江戸時代の妖怪

鳥取県

山彦は声真似して返してくる妖怪だ
（イラスト：斎藤 猛）

山から同じ声で応える妖怪

はっきりとした姿はわかっていない。人が山や谷に向かって叫んだ声を、同じ声で返してくる妖怪。呼子《よぶこ》もしくは呼子鳥《よぶこどり》ともいう。

山彦も「木霊」を返すので、この妖怪は木の精霊ではないかと考えられている。鳥山石燕は「図画百鬼夜行」にこれを取り上げて、やまびこに「幽谷響」という漢字を当てた。また、絵を見ると、その正体はオオカミのような獣と表現してある。これは中国で古くから知られていた山の怪生物「玃猿《かくえん》」という大きな猿を念頭に置いたからだといわれる。身長は1・6mもあって、人間と同じように二足で歩く。山中の林の中に潜み、人間の女の匂いを察知して女をさらい、子を産ませるという。

江戸時代に著された『和漢三才図会』には、「玃《やまこ》」という名で記されており、「日本の飛騨・美濃の深山にいる『黒ん坊』という生き物の仲間ではないか」と論じている。

寺島良安『和漢三才図会』より
中国では彭侯（ほうこう）、日本では彭侯（こだま）といい、木の精、木霊と考えられている

瀬戸大将

出雲市、江戸時代の妖怪

島根県

平田氏の工芸品「一式飾り」。瀬戸大将も瀬戸物だけで造形される

ユーモラスな姿の瀬戸物武者

瀬戸物の寄せ集めのような姿をしている。出雲市には遠い昔から仏具や陶器、金物、茶器などの一式を使用し、歌舞伎や映画、現代ではスポーツなどの名場面をたくみに再現し、飾り競う民俗芸術の「一式飾り」があり、これが付喪神すなわち作り物の妖怪とみなされる。

悪病が流行すると、平田天満宮（平田市）の天神祭では本宮から神輿が渡御し、各町内の「おたび（おたびしょの略）」を訪れる。表具師の桔梗屋十兵衛は苦しむ庶民のために毎年渡御の開催と、寺町の「おたび」にもきてほしいと願い続け、とうとうそれが叶った。1793年、桔梗屋十兵衛が茶器でできた大黒天立像を奉納したのが平田市での「一式飾り」の始まりという。

一方、瀬戸大将が鳥山石燕によって創作され描かれた『百器徒然袋』は、天明4（1784）年に刊行されている。これを考慮すると、石燕が絵に描く以前に祭礼や見世物などですでに「一式飾り」の形式は存在しており、石燕はそれを見ていたと推定できる。もっとも石燕の絵を見て十兵衛が思いついた可能性もないわけではない。なお、この興味深い飾り物の秀作は、松山半山という人の絵で天保8（1837）年に二冊本の完本がでている。

また、石燕は瀬戸物と唐津物による陶磁器同士の争いをも絵にした。『三国志』の関羽（武の神）をモチーフに描かれており、唐津物は赤壁の戦いで敗走する曹操を表現している。瀬戸物は愛知県瀬戸市の瀬戸の陶器、唐津物は佐賀県の唐津焼が名のもとだ。これまでの主流だった唐津焼に瀬戸物が追い落としたことを風刺している。

単体の瀬戸物が付喪神になったのではなく、人の形をした瀬戸物が付喪神になったとみなして、今回はあえて島根県の妖怪として紹介してみた。

【平田天満宮】
島根県出雲市平田町の宇美神社境内に平田天満宮がある。毎年7月、奉納として、一式飾り競技大会が開催される。

【平田本陣記念館】
島根県出雲市平田町にある施設。一式飾りが常設で見られる。一式飾りは、平成元年に平田市（現在出雲市）の無形民俗文化財に指定されている。

化《ばけ》鯨《くじら》

島根半島の妖怪

島根県

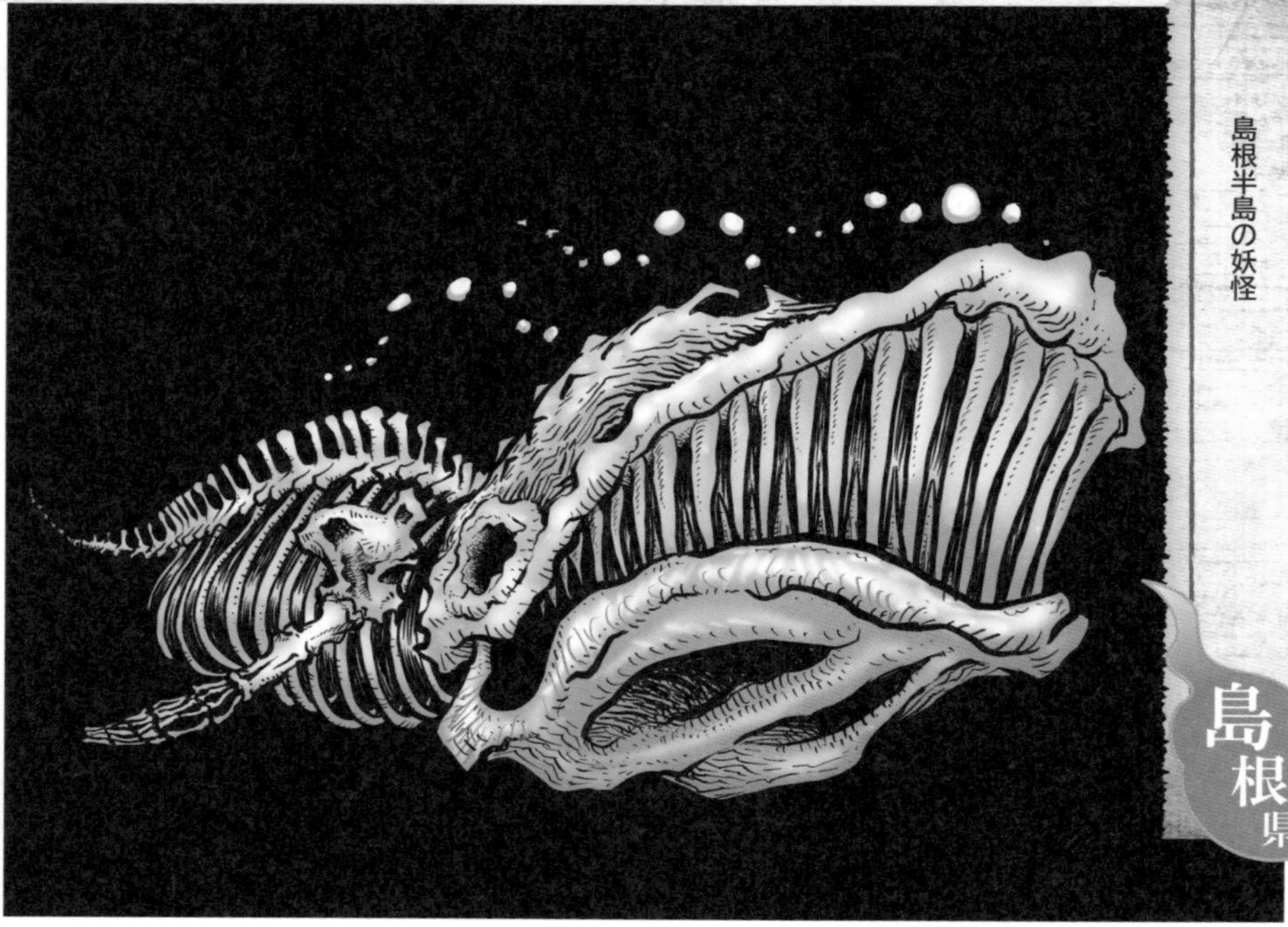

骨の巨体で泳ぐ化鯨
（イラスト：斎藤 猛）

骨だけで泳ぐ鯨

大きな白い鯨の骨格だけの妖怪。雨の夜、漁師が沖合から岸へ向かう鯨らしきものを見つけた。船をだしてモリで突いたが反応がない。不思議に思いよくみてみると白い骨だけの姿で泳ぐヒゲクジラだとわかった。死んだ鯨の怨霊ではないかと伝えられている。骨鯨とも。

鯨の妖怪は山にもでたと考えられる。骨になった鯨は、化石がたくさん山で見つかるからだ。フォッサマグナが走る長野あたりの高山からも巨大な骨がでる。化石に関心をもった江戸の博物学者は、天狗の頭蓋骨といわれるものがイルカの骨だと知っていたし、龍の骨は、おそらく鯨類の骨と鑑定した学者も、たくさんいたと思われる。ちなみにいうと、本州を西と東の境にあるフォッサマグナは、大昔は海だった。地殻変動で火山活動が起こり、現在は陸地になっているだけ。今でも長野の山の中には、海の化石がいくらでもでるところが多い。

「天狗髑髏鑑定縁起」。平賀源内がイルカの骨を天狗の頭蓋骨だと弟子に話している様子

【鯨の骨と信仰】

大阪府大阪市東淀川区の瑞光2丁目にある雪鯨橋（せつげいきょう）という橋は瑞光寺境内の弘済池にかかる橋で、欄干は鯨の骨で造られている。潭住知忍が鯨の供養のために作った。恵比須神社（和歌山県東牟婁郡太地町太地）や海童神社（長崎県南松浦郡新上五島町有川郷）には鯨の骨の鳥居がある。

温羅

吉備地方、喩伽山、崇神天皇の時代の妖怪

岡山県

桃太郎の鬼で知られる温羅
（イラスト：寝猫）

異国より飛来せし鬼ノ城の鬼神

温羅《おんら》とも。吉備地方に伝わる鬼神。異国から飛来し、鬼ノ城を拠点に周辺一帯を支配したという。

一方、朝廷からは、「ひこいさせりひこのみこと」に討伐の命がくだり、激しい合戦の末、温羅は降参した。ひこいさせりひこのみことは「きびつひこ」と呼ばれるようになり、この物語は桃太郎の話のモデルになった。その後討たれた温羅の首は犬に食わせたが、骨にしてもうなり声を上げ続けた。そこで次に吉備津宮の釜殿地中深くに埋めたが、うなり声は周辺に鳴り響くばかりだった。

ある日、きびつひこの夢に温羅が現れ、温羅の妻の阿曽媛《あそひめ》にお湯室への供えものを作らせるよう告げた。このことを人々に伝え神事を執り行うと、うなり声はようやく鎮まったという。その後、温羅は吉凶を占う存在となった。

きびつひこが桃太郎のモデルと述べたが、犬・猿・鳥の家来についてはわかっていない。一説では犬飼部犬飼 健 命《いぬかいべのいぬかいたけるのみこと》、猿飼部楽々森彦《さるかいべのささきもりひこ》命、鳥飼部留玉臣《とりかいべのとめたまおみ》という家来がいたからという説や、十二支の鬼門と逆の裏鬼門にあたる動物だったからという説がある。

ではなぜ「桃」なのか。桃は霊力をもち、陰陽五行説で裏鬼門と同じ力があるという。そこで鬼門に植えられる木と考えられた。イザナギが黄泉の国から追いかける亡者から逃げ帰るとき、桃を投げたという話がある。

ちなみに桃太郎が桃から生まれた話は、子ども用に作り替えられた話で、実際は桃を食べた老夫婦が若返り、子を産んだのが本来の形式だった。

【血吸川（ちすいがわ）】
総社市に流れる川。温羅が流した血でまっ赤になったといわれている。血吸川橋もある。

【矢喰宮・矢喰岩】
岡山県岡山市北区高塚にある神社。境内には温羅が投げた岩と吉備津彦命が射た矢がぶつかり、落下したという大小四つの矢喰岩がある。

【温羅神社】
岡山県岡山市北区一宮にある吉備津彦神社の境内の末社に祀られている神社
温羅との戦いに勝利した吉備津彦命が温羅の首をはね、串にさしてさらしたとされる場所。

【岡山駅】
温羅と吉備津彦命にちなんだ食べ物、酒などが多く販売されている。

ぬらりひょん

備讃灘など、江戸時代の妖怪

岡山県

佐脇嵩之『百怪図巻』に載るぬらりひょんを参考に模写（模写：荒俣 宏）

ぬらりと掴みどころのない不思議な妖怪

海坊主の類で人の頭くらいのものが海に浮かび、漁師が船を寄せて取ろうとすると、ぬらりと外れて沈み、すぐにひょんと戻ってくる。これを繰り返して人をからかうという。

「ぬらり」とは滑らかなという意味で、「ひょん」とは思いがけないことをいう。さらっと大胆な行動をいうのだろうか。

また、後頭部が大きい着物を着た老人の姿で描かれるぬらりひょんもある。妖怪の総大将という印象をもつ人も多いと思うが、それはのちに生まれた話で、実際はなにをする妖怪なのかよくわかっていない。老人の姿をとり、夕暮れどきに人家に勝手に入り込み、たばこやお茶を勝手に飲むという妖怪で、妖怪研究者の間では海坊主のぬらりひょんと区別されている。佐脇嵩之が残した『百怪図巻』（1737年）に描かれる姿が比較的古いようだ。

魔法様

御津郡加茂川町円城、1568年ごろの妖怪

岡山県

外国からきた化け狸、魔法様
（イラスト：蘭陵亭子梅）

海外から宣教師とともにやってきた化け狸

キリスト教の宣教師たちに紛れて日本にやってきた狸。名前が「キュウモウ狸」で、人間に化けるのを得意とした。魔法様とはキュウモウ狸を牛馬の守護神として祀る信仰のことをいう。

キュウモウ狸は廃坑となっていた加茂の銅山を住処にし、人の姿で田植えを手伝ったり、盆踊りで踊ったりした。しかしキュウモウ狸が人間に化けた姿は口が尖り、口髭が濃く、顎が細く、下半身が短く、誰の目から見ても正体がすぐにわかる。そのたびに「すまん、すまん」と言って逃げだした。ほかに木の葉を金に変えて悪さはしたが、人を傷つけることはなかった。犬を連れてタヌキ狩りをするものがいると、その者の家に放火するともいう。

村人たちは黒喰山に神社を建て、キュウモウ狸を祀ったという。なぜ魔法様なのかは、よくわからない。

【魔法宮】
吉備中央町上田西にある火雷神社で、通称「魔法宮」。キュウモウ狸を祀る。

【久保田神社】
吉備中央町細田にある天津神社で、通称「久保田神社」。火雷神社のキュウモウ狸と、地元の貉が結婚し、その子どもが魔法様だという。狛犬ではなく狸の像がある。本殿横に小さな社殿があるが、後ろには狸穴と呼ばれる穴があり、ここに油揚げを供えるという。

猿《えん》猴《こう》
広島県などにいる妖怪

広島県

猿猴は生き胆を抜き取るという恐ろしい河童だ（イラスト：寝猫）

水辺で人の生き胆を抜き取る恐怖の妖怪

けむくじゃらで猿に似ているが、海や川に住む。地域によっては皿があって、歯が一本といわれている。手が伸び縮みし、両腕をねじっても平気という。お盆のころに泳いでいる人を見つけると、肛門から生き胆を抜き取るといわれる。広島県の神石高原町では猿猴どうしが腸をとる競争をしていたという。ほかにも人間の女を襲い、子を産ますというので、大変恐れられている。しかし金属や蓼《たで》、人のつばを嫌うらしく、河童との共通点が多い。猿の毛を持って泳ぐと襲われないといわれている。山県郡中野村（現・北広島町）では人の反撃を受けて人や家畜に手をださないことを条件に命乞いをしている。

広島市南区を流れる猿猴川は、この妖怪にちなんだ名前をもつ。この川では昔猿猴が化けた老婆や若い女が男をたぶらかしたという。近隣では伝承にちなみ、初秋に「猿猴川河童まつり」が開催されている。

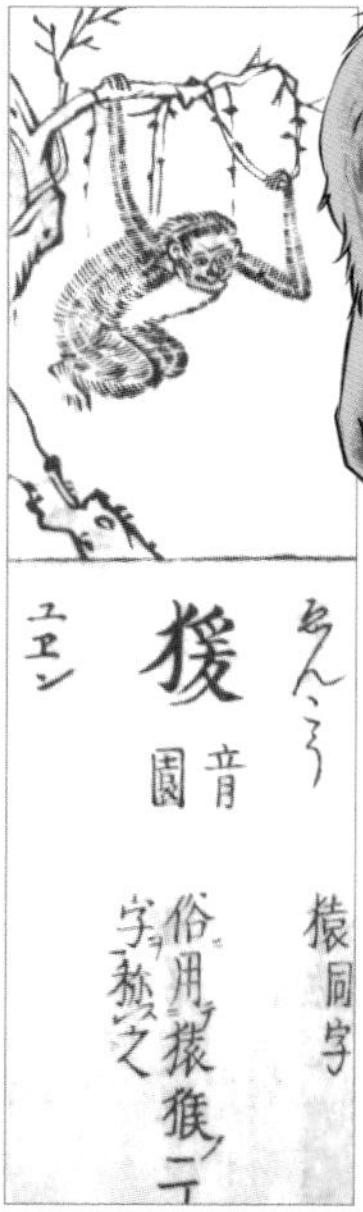

寺島良安『和漢三才図会』より。テナガザルのように描かれている猿猴

【猿猴橋】
広島県広島市南区猿猴橋町にある橋。大正15年に建て替えられたが、被爆に耐え、現在に残る。

おいがかり

広島県庄原市、新潟県三条市ほかの妖怪

広島県

おいがかりは後ろからいきなり覆いかぶさって、人を驚かせる
（イラスト：蘭陵亭子梅）

後ろから覆いかぶさる不穏な妖怪

歩いていると、後ろからおいがかりと呼ばれる妖怪が背中めがけて覆いかぶさってくる。背中なので本人からはどのような姿か見ることができない。備後国の比婆郡（現在の広島県庄原市）などに現れ、人を困らせた。

背中におぶさってくる妖怪を「おばりよん」といい、一般的にはおんぶお化けという名で知れわたっている。「おぶさりたい」などを意味する方言で叫び、いきなりおぶさってはだんだん重くなっていくとも語られている。耐えきれなくなって音を上げても、なかなか離れてくれない。新潟県の郷土史家、外山暦郎が書いた『越後三條南郷談』（大正15年）に登場する「ばりよん」はなかなか凶暴で、夜に現れては歩行者の背にのっかり、後ろから頭にかじりつくという。

こうした話では勇敢な人物が背負い、家まで帰ると黄金などの財宝に代わることが多い。うぶめ（48ページ参照）が預けてくる赤ん坊も重くなって人を苦しめるが、それを乗り切ると金銀になったのと似ている。妖怪が人を試して認めた人物に報酬を与えているのか、それとも金銀が妖怪化して、然る人物に受け取ってほしくて化けたのか。関西地方にはバンドウのバンエモンという狸が老人の背に乗っかり、怖がらせようと脅かしてきた。しかし老人はもろともせずしっかりつかんで逃さないようにした。狸はかんねんして老人に侘び、老人も石菖《せきしょう》の葉をくれるというので許してやった。

山《さ》ン本《もと》五《ご》郎《ろう》左《ざ》衛《え》門《もん》

江戸時代の妖怪

広島県

稲生平太郎の前に現れた山ン本五郎左衛門
（イラスト：蘭陵亭子梅）

魔王の座を賭けて悪五郎と対決する東の大将

『稲生物怪録』などに登場する妖怪。山ン本五郎左衛門あるいは山本太郎左衛門と記す。

江戸の妖怪学者、平田篤胤によれば、仙界（幽冥界）では漢字の読み方が現世と異なり、「やまもと」も「さんもと」という読みをするといい、その説に従った表記だ。

寛永2（1625）年の夏、広島藩の支藩であった備後国三次（現在の三次市）に現れ、稲生平太郎（実在した藩士である稲生武太夫の幼名）に対して、連夜まことに多種多様な怪異を体験させた。しかし平太郎はこれに驚かず、ついに山ン本のほうから降参した。そして7月末日、裃を着た40歳ほどの武士の姿で平太郎の前に姿を現し、名を名乗ったとされる。

この「肝試し」は、当時江戸で流行した「百物語」の形式を踏んだものだ。実際、その当時三次藩は後継者が途絶え、廃藩の憂き目にあった時期にあたっている。平太郎は、小藩とはいえ武士の気概があることを藩に示すため、妖怪との肝試しに挑んだと察せられる。

　山ン本は妖怪たちの頭領だが、神野悪五郎《しんのあくごろう》と魔王の座を賭け、勇気のある少年100人を驚かせる対決を行っていた。しかし86人目に稲生平太郎が登場し、少しも動じなかったため、ふりだしに戻される。山ン本は平太郎の気丈さを褒めたたえ、悪五郎が現れたときには自分も現れて助太刀すると約束して木槌を平太郎に与えた。妖怪たちを引き連れて立ち去る時、駕籠から巨大な足がでており、武士の姿は真の姿ではなかったことを露わにしている。

　この「実話」に最大の関心を示した平田篤胤は、幽冥界が実在する証拠の探索を門人に依頼していた。そこで門人が現地三次に飛び、関係者と面談した際に、それまでまったく伏せられていた事実を発掘している。それは平太郎が山ン本から授かった「小槌」の一件と、その現物がりっぱに現存するいう事実であった。そのときの詳細な調査報告書が現存し、また現物は広島市内の寺に保存されている（非公開）。

　余談だが、平安時代に三善清行という学者が、京都の五条堀川あたりに鬼がでるという噂の屋敷を購入した。さっそくその日の夜、代わる代わる妖怪が現れて三善を家から追いだそうとしたが、三善は説教し、逆に化け物たちを追いだしたという。日本各地にお化けのでる屋敷の話は多い。

映画『妖怪大戦争』で
山ン本に扮した著者

【稲生武太夫碑】
広島県三次市三次町にある石碑。明治期には稲生家（別系）があった。

【國前寺】
広島県広島市東区山根町にある寺。稲生武太夫の墓がある。毎年1月7日に「稲生祭」が行われる。妖怪の大将・山本五郎左衛門からもらった木槌が公開される。

【たたり石】
比熊山にある大きな石。肝試しで比熊山に登った平太郎が木札を結びつけた。触ると祟られるという。

【湯本豪一記念日本妖怪博物館（三次もののけミュージアム）】
広島県三次市三次町にある博物館。湯本豪一から寄贈を受けた約5,000点の妖怪コレクションがある。

狐の嫁入り

日本各地で起こる怪異

山口県

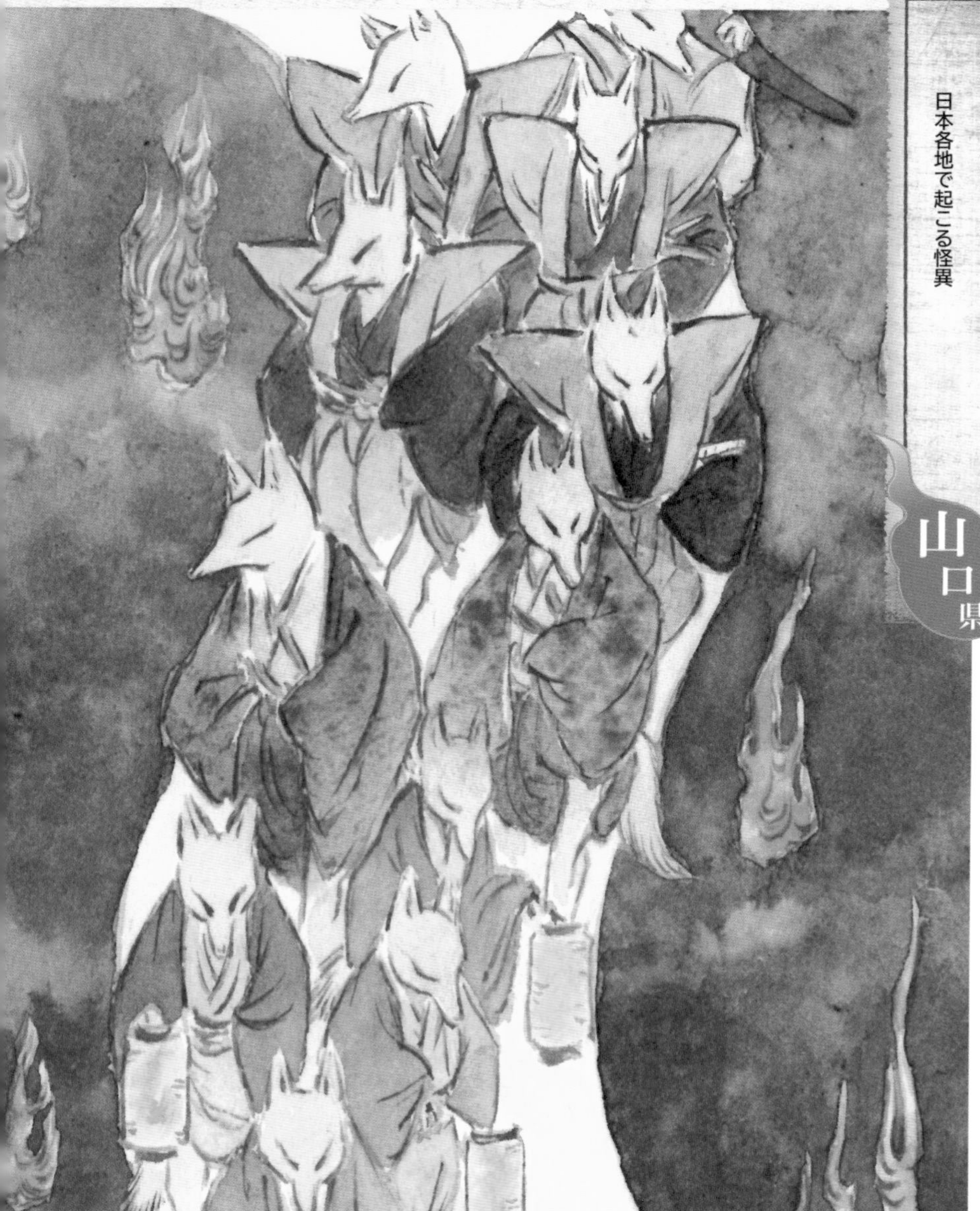

狐が提灯を灯し、行列を作って
嫁入りするという
（イラスト：蘭陵亭子梅）

夕立や夜の灯が狐の「化かし」を手助けする

　昔は夜にわけもなく見える灯に、女に化けた狐が浮かれた男たちをたぶらかす誘いと思われた。やがて昼の天気のような、不思議な自然現象にもこの「たとえ」が使われた。夜に出没する狐がそうした現象の犯人と考えられたからだ。

　また日本では、嫁入り行事は夜に行うのが通例であり、婿の家に嫁が嫁ぐ形で行われるため、長い行列が提灯を灯して通過する光景が見られた。この幻想的な眺めをさして、「狐の嫁入り」と呼んだ。

　嫁入りが夜に行われたのは、古い陰陽説の考え方で女性が陰の要素をもつと考えられたことに由来する。したがって、婚という漢字も女偏に暗い（昏）と書き、また角隠しの装束も、花嫁を夜の存在である鬼と重ね合わせたことによるといわれる。夜に現れることが多い狐がここに加わったのは、自然なことだったようだ。

　こうして、この名で呼ばれる怪現象は、夜に見られる怪しい狐火の行列と、昼に見られる天気雨の奇妙な空模様が定番となったらしい。

　山口県下松市では花岡福徳稲荷社で１９５０年から毎年11月３日の「稲穂祭」できつねの嫁入りの扮装をするイベントが行われている。この地域では江戸時代に、数珠を紛失した寺の住職が、夢枕に現れた狐の夫婦の供養をしてやると、その返礼に、探していた数珠がでてきたという話が伝わっている。新潟県の麒麟山では狐が提灯（鬼火）をぶらさげ、これは狐が嫁入りしているようだと語られた。ここでも『つがわ狐の嫁入り行列』が１９８９年から毎年５月３日、阿賀町津川で行われている。

　全国に広まる伝承に、夕立のような突然の通り雨が降る日は、その日の夜に狐が嫁入りするという話もある。太陽がでているのに降る天気雨は、狐に化かされていると思われたからのようだ。この天気雨で墓の遺体があばかれ、骨を奪った狐が遺体に含まれるリンに火をつけ、狐火になるという伝承もある。

夜の灯に心引かれ、狐に化かされる図。月岡芳年『東京開花狂画名所』より

【稲穂祭】山口県下松市・花岡で行われるお祭。花岡福徳稲荷神社では夢にでた狐の頼みどおり、夫婦狐に人と同じように戒名を授けて埋葬をした。それから不思議な力のあるスポットと認められ、代官所が神号を与えたという。戦後間もない昭和25年から伝説にちなんだ「狐の嫁入り行列」が行われているという。

【狐の嫁入り行列】新潟県東蒲原郡阿賀町津川地区で5月3日に開催される祭イベント。この地区には麒麟山という険しい山があり、夜にしばしば怪火の列が見られることで有名だった。それにちなみ、１９９０年からそんな夜の嫁入りと狐火を再現するイベントが始まった。

平家蟹

壇ノ浦、平家滅亡後の妖怪

山口県

平家の亡霊が蟹になったという平家蟹
（イラスト：應矢泰紀）

平家の怨念か人面を背負う蟹の妖怪

蟹の背中に、憎しみに歪む人面の姿を現した妖怪。壇ノ浦の合戦で敗れた平家の武将たちの怨念が、蟹となって現れたといわれている。ちなみに平家の女たちも福岡に落ち延びて、河童になったといわれている。武将・平教経の妻（もしくは母とも）は壇ノ浦の戦いあと、福岡県宗像郡東郷村（現・宗像市）、北九州市門司区大積に流れ着き、河童に化身し、海御前と呼ばれるようになった。

壇ノ浦に平家蟹は実在し、甲羅は2㎝ほどで小さい。貝を背負い、強い相手から身を隠す習性をもつ。この行動も源氏に見つからないようにするためと地元では言い伝えられる。アメリカの著名な天文学者カール・セーガンによれば、サムライ・クラブ（＝ヘイケガニ）は平家への敬意を示すため漁民が海に帰したので、現代に残った「淘汰現象」としている。

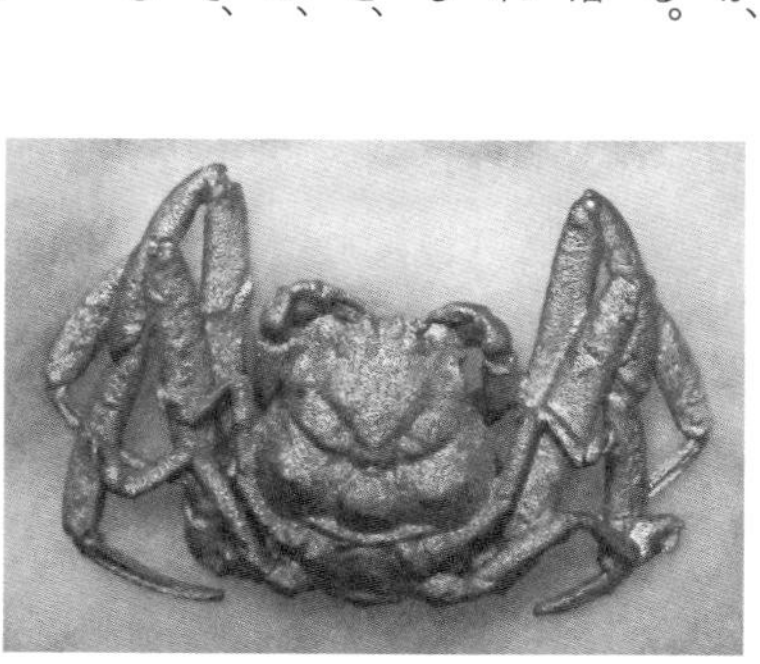

昔は壇ノ浦など地元でヘイケガニの標本が土産に売られていた

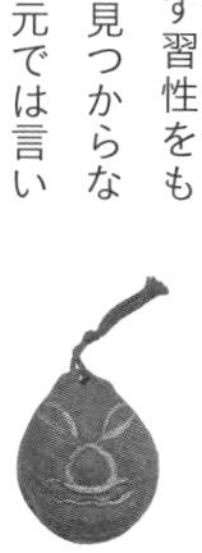

【赤間神宮】山口県下関市阿弥陀寺町にある神社。もともとは安徳天皇の霊を慰める寺だったが、神仏分離令後、赤間神宮になった。「耳なし芳一」の舞台で知られる。以前は平家蟹の土鈴を授かることができた。今は平家蟹の標本が飾られている。

第四章

四国・九州篇

小豆洗い

美馬市脇町ほか全国に言い伝えられる

徳島県

音は聞こえても正体不明の妖怪が小豆洗いだ
（イラスト：斎藤 猛）

水場で小豆を洗う音をだす怪異

川や井戸で小豆を洗う音や、それに合わせて歌が聞こえるという怪異。近づいていっても音の主はおらず、木々の葉がこすれる音や、狸や狐、獺が音をたてているともいう。全国でもこの怪異にぶつかった人は多い。

美馬市脇町では、松屋という呉服店の女将さんが裏庭にある井戸で小豆を洗う音を聞いた。いつか音の正体をつきとめようと思っていたある日、カスリの着物を着て、髪を高島まげに結った娘が小豆を洗っているのが見えた。

しかし物音に驚いた娘は、あっという間に消えていなくなった。

小豆を洗うときの歌も地域によって違う。長野県南佐久郡地方では小豆磨きと呼び、「小豆ときやしょか、人取って食いやしょか、しょきしょき」と歌をうたうけれども、小豆洗いが本当に人を襲う妖怪かどうかはわからない。

【不思議な小豆洗い】

愛媛県愛南町一本松では、辻で一晩寝て過ごそうとしていた侍に、女が自分も寝させてほしいと断りを入れてきた。侍が許すと、礼に小豆餡のはいった餅をくれた。女は実は自分は「小豆とぎ」だと明かし、このことは誰にも言ってはいけないと口止めをした。しかし侍は口が軽く、さっそくこの話を次の日にしてしまった。するとこの侍は八つ裂きにされて死んだという。黙っているよう約束するところは小泉八雲の「雪女」（45ページ）を思いだす。約束をするのも妖怪の特徴だ。

金長狸

小松島市、江戸時代に「阿波狸合戦」の主人公として語られた

徳島県

仁義を通す金長狸
（イラスト：蘭陵亭子梅）

狸伝説が多い四国でも代表的な妖怪狸

徳島県に伝わる狸の化け物。人情を知り、義理を忘れない狸。その器の大きさと胆力とで、四国全体の狸を配下とする総領になったといわれる。天保年間（１８３０年～１８４４年）のあるとき、小松島の日開野（現・小松島市）にあった染物屋の主人の茂右衛門が、狸を救った。しばらくして店で働く万吉という男に狸が取り憑き、自分が以前すくわれた狸で「金長」という２０６歳になる親分格だと話しだした。金長は、人々の病気を治したり、占いをしたりと大活躍し、店も繁盛した。

その後、金長は狸の位をもらうために津田（現・徳島市）に住む狸の総大将六右衛門のところへ行き、修行をつんだ。念願だった正一位という最高の位階をもらう寸前まできたとき、六右衛門は金長を娘婿にして手元に置こうとしたが、金長は茂右衛門に義理を感じて断った。そこで、六右衛門は金長がいずれ自分の敵になるのではと考え、夜襲をかけた。金長はともに日開野からきていた狸の「藤ノ木寺の鷹」とともに応戦したが、鷹が戦死し、金長のみが逃げて命びろいした。その仇討ちのために六右衛門との壮絶な戦いが繰り返され、金長はやっと六右衛門を食い殺した。鷹の仇討ちは果たせたが、金長もまた刀傷が原因で死んでしまった。

命を落とした金長のことを憐れんだ茂右衛門は、京都にある吉田神祇管領所に行き、正一位を授かり、１８４８年、金長は正式な官位をもつ狸になった。

この金長物語は江戸末期には成立し、１９１０年に『四国奇談実説古狸合戦』という本になったのが文献での初出といわれている。講談でもこの物語は広く伝えられた。昭和初期には映画化もされている。このとき狸合戦映画で当てた永《なが》田《た》雅一《まさいち》（のちの大映社長）は、その御礼も兼ねて昭和31年に金長賛会という組織を作り、金長大明神を建立している。

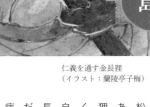

子泣き爺、ゴギャナキ、オンギャナキ

徳島県の山間部の妖怪

徳島県

山中で赤ん坊のように泣くという
(イラスト:蘭陵亭子梅)

おんぶすると重くなる、老人の赤ん坊?

赤子の産声で泣く、老人の姿をした妖怪。山中で通行人が心配になって抱えあげたり、おんぶしたりすると、子泣き爺はだんだん重くなり、しまいに人を押しつぶしてしまう。うぶめ(48ページ)や磯女は通行人に赤子を抱かせる妖怪だが、子泣き爺は自分から赤ん坊になってでてくる。

柳田國男の『妖怪名彙』に「コナキヂヂ」として採録され、これを参考に水木しげるがマンガなどでデザインを確定させていった。でも実際は現地でそれほど知られた妖怪ではなく、「山村語彙」(『民間伝承』第4巻第2号)に、徳島県三好郡三名村字平(現・三好市)の人が「子どもの泣声を真似る怪」と語った報告があるだけという。そのため、郷土史家の多喜田昌裕が徳島県下の伝承状況をもう一度調査し、山城町に住む平田五郎さんがこの伝承を聞いていたことにたどり着いた。その結果、三次市山城町に「子泣き爺」の伝承があったことがわかり、2001年11月25日、ここに「子なきじじい」の石像が立った。山城町は「子泣き爺の里」として知られることになったが、地元で語られていた子泣き爺は実在の老人だったなどという話もあり、今伝わっている「子泣き爺」の話が元来妖怪ばなしであったかどうかについては諸説あるという。

ただ、子泣き爺の話に似た伝承は、徳島県の美馬市のほうにもあるようだ。山の中に一本足の妖怪がいて、鳴き声をたてるとよくないことが起きるという。また、四国を離れると静岡県では、大声で泣く老人の妖怪として「夜泣き婆」というのが知られている。見附宿(現・静岡県磐田市)で、不幸がきそうな家の玄関先に現れるという。この妖怪が現れて泣きだすと、それにつられてみんな泣きだし、これが何度か繰り返されると、かならず死人がでるといわれる。

【山城・大歩危妖怪村】

児啼爺(こなきじじい)の伝承地で、妖怪文化の普及に貢献していることが認められ、平成20(2008)年に世界妖怪協会(会長 故・水木しげる氏)から「怪」遺産に認定された。徳島県三好市山城町上名(道の駅大歩危・妖怪屋敷と石の博物館)。

太三郎狸

屋島での戦《いくさ》、平家の滅亡ごろから生き続けた妖怪

香川県

日本の歴史を見てきた妖怪、太三郎狸
（イラスト：應矢泰紀）

人の世の歴史を知る徳の高い狸

　高松市屋島に伝わる変化・幻術を使う化け狸。四国の狸の総大将で、日本三名狸の一匹。屋島に戦乱などの災いが起きそうなとき、いち早く屋島寺の住職に知らせたことで、太三郎狸は屋島寺の境内に「蓑山大明神」として祀られる。

　大寒になると屋島に狸が大勢集まり、かつて太三郎狸みずからが見た源平合戦の様子を300匹の眷属に幻術を使って、見せたという。過去に中国から日本にきた高僧・鑑真を案内し、道に迷った空海を救ったのも、この狸だといわれる。太三郎は、二人の高僧と交流していくうち仏教に感銘を受け、狸の徳を高めるために全国から集まった若いタヌキたちに教育していたともいう。なお、この太三郎狸は祐徳の化け狸とされており、金長狸や形部狸のような狸合戦の戦闘にはあまり絡まなかったようだ。

　ちなみに四国に狸が多いが、狐はいないとされている。その理由はこうだ。昔、神狐が、二度目の蒙古襲来（弘安の役）に立ち向かった勇将・河野通有を化かそうとしたことがあった。妻に化けてたぶらかそうとしたが見破られ、命を助けるかわりに四国から狐を追いだすように命令されたともいわれている。ほかにも弘法大師が狐を利口な動物として評価していたが、増長してずるがしこくなり、人を騙すようになってしまった。弘法大師はそれをみて狐を追いだし、本州と四国が鉄の橋でつながったら、戻ってきてもよいと約束したという。

　さらに、湊川の戦で楠木正成を自刃させた豪傑武将・大森彦七が、新しい土地として伊予に所領をもらったとき、配下の狸たちも彦七にしたがって備後（広島県東部）から引っ越してきたとする説もある。

　明治以降も太三郎狸の伝承は絶えることなく、日清・日露戦争にも子分たちをひきいて戦場に駆けつけたと語られるほどだ。

【屋島寺】
香川県高松市屋島東町にある寺。四国八十八ヶ所・第84番札所。境内にある蓑山大明神で屋島太三郎狸が祀られている。蓑山塚もある。

山姥《やまうば》

香川県、静岡県など全国、江戸時代に広まった

香川県

喜多川歌麿「山姥と金太郎 耳かき」。足柄山の山姥は坂田金時が金太郎だったときの育て親だ

人に親切な山のおばあさん妖怪

やまんばともいう、山に住む老婆。口は耳まで裂け、鋭い目をもち、色白といわれている。山中にきた人を襲って食べることから鬼婆と呼ばれることもあるが、民家にきて糸紡ぎを手伝ったりする優しい面もある。

香川県高松市では昔、六人のきこりが眠っている小屋に山姥が入ってきて、次々と血を吸っていたという話がある。しかし同じ香川県内でも山姥はほかに「川女郎《かわじょろう》」とも呼ばれており、大水で堤が切れそうになると「家が流れるわ」と泣き声のような声をあげるという。静岡県磐田郡で民家にきて休んだ「ヤマババ」は柔和な女で、借りた釜で米を炊くと、二合で釜が一杯になった。ほかにも宮崎県の「ヤマヒメ」、八丈島の「テッジ」も、一般的に山姥と考えられている。

昔、農家などで年を取って働けなくなった人は、口減らしのために山に捨てられたという伝承があったが、それ以前に山の中には女性たちがたくさん暮らしており、力も強かったという。山姥に育てられた子は非常に強くて忠実なので、昔の武将は信頼できる家臣を見つけるために、山に「野性の子」を探しにでたともいわれる。

【浅水】

安達という武士が幼い娘を預け、妻のいわを連れて敵陣の陸奥に入ったが、討たれてしまった。いわは、そのまま陸奥に残り、夫の霊を弔っていた。しばらくたったある日、いわの住む庵に若い夫婦がやってきた。女は身重で、泊めてほしいと頼んだ。しかしいわは幸せそうな二人に怒りを覚え、女を包丁で殺した。ところがこの女が自分の娘と知って鬼婆となったという。青森県三戸郡五戸町浅水というところで、「朝（を）見ず」朝を迎えられないというのが語源だという。

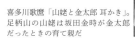

隠神刑部狸《いぬがみぎょうぶたぬき》

江戸時代に広められた妖怪

愛媛県

隠神刑部狸は、人同士の争いに巻き込まれた（イラスト：蘭陵亭子梅）

松山藩お家騒動に巻き込まれた八百八の狸とその総帥

八百八狸《はっぴゃくやたぬき》という伊予松山の化け狸集団の総領。古くから久万山に住み着き、松山城の守護神として崇敬を受け、刑部狸《ぎょうぶだぬき》という称号で呼ばれた。しかし松山藩のお家騒動に巻き込まれ、一族もろとも封印されてしまった。

言い伝えは、享保の大飢饉をきっかけに起きた松山藩乗っ取りの陰謀を背景としており、刑部狸がそこへどう絡むかに変化がある。たとえば、謀反側にとって刑部狸が邪魔なので、まず後藤小源太正信という若侍を引き入れ、刑部狸と戦わせる。また、『稲生物怪録』の主人公・稲生武太夫が登場し、宇佐八幡大菩薩から授かった神杖（もしくは妖怪の頭領・山ン本五郎左衛門（102ページ参照）から授かった木槌）で隠神刑部を懲らしめる。

そのあと、山に封じ込められた隠神刑部は運よく洞窟から脱出し、悔い改めて庶民を助けるようになった。そのため、人々に「山口霊神」と呼ばれ、祀られたという。

この『松山騒動八百八狸物語』は、享保年間を舞台にした話として本になり、幕末には田辺南龍によって狸の妖怪なども加えて講談化され、日本中に広まった。

【日本三大狸話】
「松山騒動八百八狸物語」と並び日本三大狸話と呼ばれるのが「証城寺の狸囃子」と「分福茶釜」だ。

【山口霊神】
愛媛県松山市久谷町にある祠。「伊予松山騒動・八百八狸」と書かれた碑や、狸の像が置かれている。

牛鬼

宇和島地方ほか江戸時代には日本中に広まっていた

愛媛県

うわじま牛鬼まつりの山車を参考に模写
（模写：荒俣 宏）

残忍で凶暴、手がつけられない悪鬼

「頭が牛で体が鬼」または「頭が鬼で体が牛」と語られる妖怪。凶暴で力が強く、襲われたら、ひとたまりもない。毒気を吐きだすともいわれ、普通の人間は近寄るだけで死んでしまう。

あるとき、宇和島地方の大洲市河辺に牛鬼が現れ、人を殺し、作物を荒らした。村人は困り果て、山伏の加納院に牛鬼退治を依頼した。そこで加納院はまず真言を唱え、術で牛鬼の体をあやつり、名刀・正宗で胸元をつらぬいて退治したという。

香川県で天正年間に、根来寺のある青峰というところに牛鬼がでた。人畜に被害がでて、山田蔵人高清という弓の名手が村人のため立ち上がった。夜になって高清は崖下で巨大な牛鬼を見つけ、自分に襲いかかってくるところへ矢をたて続けに放ち、応戦した。暗闇のなか死闘が行われた末、翌朝、牛鬼の死体を見つけたが、角が生え、翼のある牛だったという。

西日本に伝承が広く伝わる牛鬼だが、このように地域ごとに少しずつ異なる。京丹後市のうしおには姿を現さず、人を迷わせ、家に帰れなくすると伝わっている。共通して言えることは、人があらがっても、ほとんどの場合、手がつけられないほど強い、という点だ。

【和霊大祭・うわじま牛鬼まつり】
愛媛県宇和島市で行われる大規模な祭。5～6mの大きな牛鬼の山車が登場し、パレードが行われる。この牛鬼をモデルにした玩具や、陶器の焼酎が名門サカイから販売されている。

赤《あか》頭《かしら》

吾川郡勝賀瀬（現・いの町）、江戸時代の妖怪

高知県

『土佐化物絵本』を参考に模写（模写：荒俣 宏）

太陽のように眩しい頭をもつ妖怪

赤シャグマ、赤シャガマという手入れをしないぼさぼさの赤い頭髪をもち、赤い鼻のようなものが口の上にある、子どものような妖怪がいる。各地に類似の妖怪が伝承されているが、ほとんどが具体的でなく、実際の関わり合いはよくわからない。

土佐国吾川郡勝賀瀬（現・高知県同郡いの町）では「あかがしら」と呼ばれ、赤い髪が太陽のように輝き、あまりに眩しくてふた目と見られないほどという。人に危害を加えることはないといわれている。

『土佐化物絵本』に描かれた「勝賀瀬の赤頭」は頭自体が太陽のように描かれている。

鳥取県西伯郡名和村には人里に暮らす怪力の赤頭《あかあたま》という似た名前の妖怪がいるが、別の妖怪と考えられている。この本にある図を見ると、赤頭は山で暮らす大男のように見える。

送りオオカミ

高知県、江戸時代の妖怪

高知県

すきをつくってしまうと襲われるという送りオオカミ（イラスト：蘭陵亭子梅）

昔は親切な狼、今は親切ぶった悪い狼？

夜の山道や峠道を行く人のあとをついてくる狼。転んだ人を食い殺すなどといわれるが、正しく対処すると、逆に周囲の危険から守ってくれるといわれている。

ある者が大田口から高知まで峠を越そうとしていたとき、狼が伏せろ、の合図をした。そのとおりに従ったところ、山賊のような群れが過ぎていった。その者は村近くまで見送ってもらえ、弁当を食べさせ礼を言ったという。人の帰宅まで後ろをついていくあいだ狼がいるため、人はほかの肉食獣や魔物、妖怪変化から襲われることはない。狼はオオカミ（＝大神）といって特殊な力をもつといわれている。ところが現在では、若い女性などを「送ってあげます」と誘って車に乗せ、悪事を働く者の呼び名に使われている。親切な妖怪が悪い人間にされてしまった事例といえるかもしれない。

群馬県桐生市梅田町浅部字栗生に伝わる「送り狐《きつね》」はいきさつは異なるが、結果、守り神になる狐の話だ。

茶《ちゃ》袋《ぶくろ》

土佐郡土佐山村（現・高知市）高山集落ほか
江戸時代の妖怪

高知県

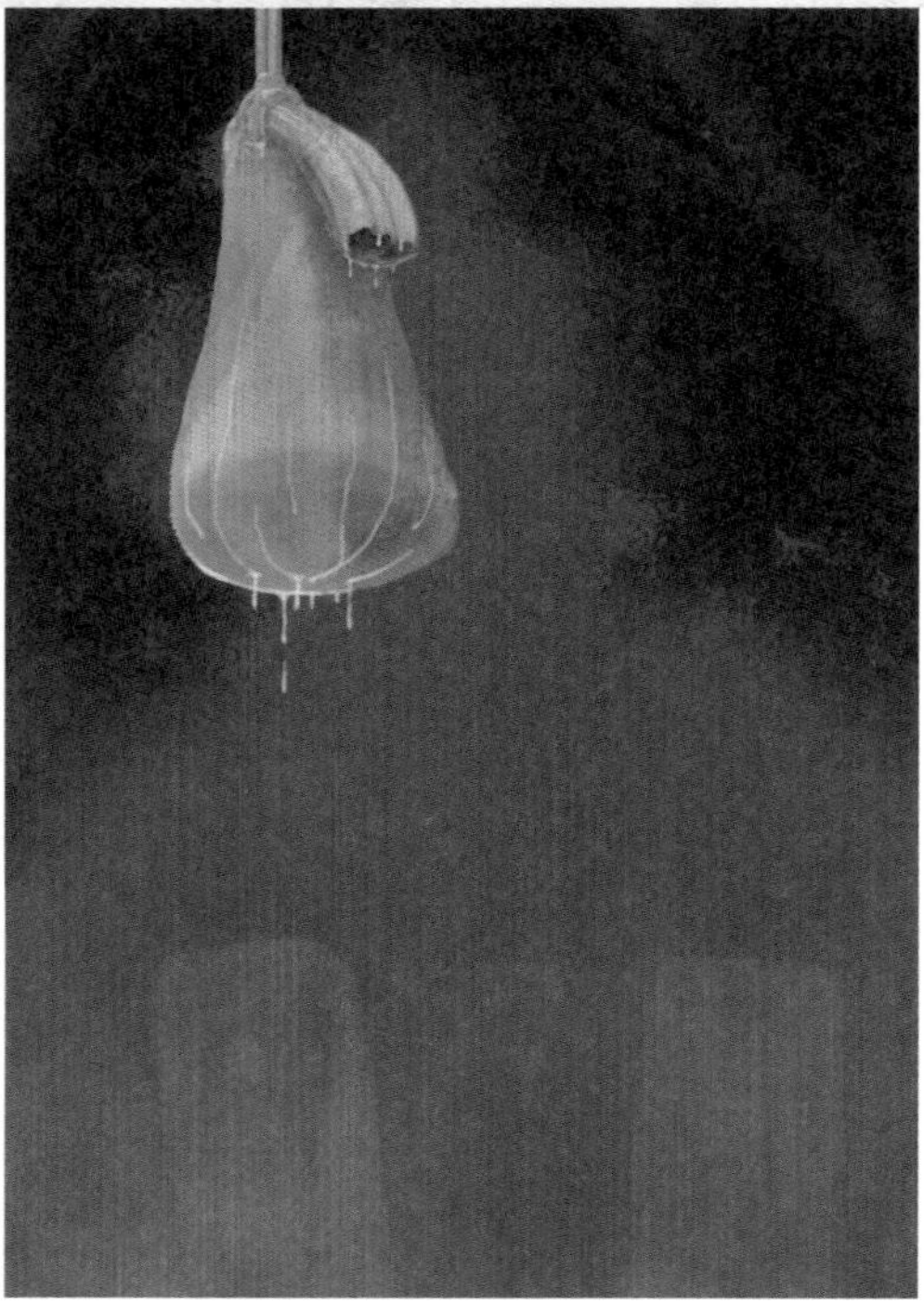

目撃者は病にふせるという茶袋
（イラスト：應矢泰紀）

出会ってはいけない、宙をさまよう謎の袋

　空中にぶらさがる、茶を入れて煎じる袋の妖怪。空中に浮かんで現れ、これに出会うと病になるといわれている。土佐郡土佐山村（現・高知市）高山集落にある「オンバが墓」で雨の日の晩に現れたと言い伝えられている。和歌山県日高郡印南町など印南川流域でも、「茶《ちゃ》ん袋《ぶくろ》」が空中をさまよったという現象が起こっている。

　実は日本各地にはいろいろなものが、いたるところにぶらさがって現れて、そのほとんどはタヌキが化けたものと思われている。熊本県南ノ関町大字関下宇迎町（現・玉名郡南関町）では、とある柿の木に、玉名村大字玉名字岡（現・玉名市）ではエノキの木から、馬の首がぶらさがって人々を驚かせた。

　長野県北安曇郡大町（現・大町市）では狸が高い木から通行人にめがけて白い袋をぶらさげる「袋下げ」がいたという。

【茂林寺《もりんじ》の釜《かま》】

茶釜に化ける狸が芸をしてひと儲けする「分福茶釜」が有名だが、この話にはもとがある。茂林寺にいた守鶴という坊主が茶会で使う釜の湯がいっこうに減らなかった。みなどうしてだろうと疑問に思ったが、実はこの守鶴は狸で、術を使ったからだった。群馬県館林市堀工町に茂林寺がある。

長野県のヤカンヅル。
茶器に化けるのは狸か？
（イラスト：應矢泰紀）

九千坊河童

田主丸馬場の蛇淵、江戸時代の妖怪

福岡県

九千坊河童は、日本に渡ってきた河童の頭領だ
（イラスト：蘭陵亭子梅）

加藤清正と戦った河童軍団

中国にいた河童が二派に別れ、一派はヨーロッパ、もう一派は日本へ訪れたといわれている。その先頭に立ったのが九千匹の河童を治める九千坊という河童だった。ここ北九州は河童の集団渡来地として有名なのだ。

　九州を拠点に住みつき、大暴れし、人々や牛馬に害を与えたといわれている。しかしこのとき、熊本藩の領主だった加藤清正の小姓の尻子玉を抜いて殺してしまった。清正は激怒し、河童の苦手な猿を集め、仇討ちにしようとしたので、九千防は恐れをなして逃げだした。その後有馬の藩主に許しを乞い、福岡の筑後川に移り住んだという。今は巨瀬川の田主丸馬場の蛇淵を根城にしているといわれている。

　久留米市北野町の北野天満宮には河童の手のミイラが保管されている。多くの河童伝説の残る久留米市田主丸町では、河童像や、河童をイメージした食事やスイーツなどが販売されている。

河童渡来の町「田主丸」には、河童の駅舎がある
（写真：荒俣 宏）

【河童渡来の碑】
熊本県八代市本町にある石碑。人間に捕った河童が、この石がすり減って消えるまで、いたずらはしないと誓ったという。

【JR田主丸駅（かっぱ駅）】
九州旅客鉄道久大本線の駅。河童型の駅舎、大きな河童像がプラットホームにある。

ぬり壁

遠賀郡（旧・筑前国遠賀郡）ほかの妖怪

福岡県

先に進みたいのに進めない見えない壁、ぬり壁
（イラスト：蘭陵亭子梅）

目には見えない通せん坊妖怪

目に見えない壁のような妖怪。夜道を歩いていると壁のようなものに遮られ、前へ進めなくなる。横を通り抜けたり、乗り越えたりすることもできないが、下の方を棒で払うと消えるといわれている。ただし、書き残された文献がほぼないため、壁の形をしているかどうか、どういうものだったかはわからない。

近年「ぬりかべ」と書かれた妖怪画が外国で発見され、三つ目の犬か獅子のような姿に描かれているが、伝承の「ぬり壁」と同一かどうかは不明とされている。

ぬり壁と同じように、通行人を通せんぼする妖怪は他県にも登場する。たとえば関東の「野襖（のぶすま）」は突然目の前に襖のような立ちふさがり、上下左右に尽きるところがないという。腰をおろしてたばこを喫すれば、消え去る。ちなみに、飛んできて目隠しする東京の「野衾（のぶすま）」（43ページ）とは、別の妖怪だ。ほかにも「狸のぬりかべ」という怪異も存在する。この場合、狸が道を塞ぐモノは自分の大きな陰嚢（ふぐり）だといわれる。

【道《みち》切《き》り】
道を横切るように木と木をしめ縄や藁でできた蛇をくくりつけることで、悪疫が集落に入るのを遮断するまじない。京都府の伊根町では道切りの両方の下にとぐろを巻く藁でできた蛇を供えつける。地域によっては百足、龍などもあるという。

神社姫

肥前の浜（佐賀、長崎にまたがる海岸）にでた予言の妖怪

佐賀県

江戸時代のお札に描かれた図の模写（模写：荒俣 宏）

アマビエのライバルは隣の海岸にもいた！

日本にコロリ（コレラのこと）が大流行することを予言し、その防災法を教えた魚形の姫君。佐賀の海辺あたりに出現したといわれ、その姿が刷り物になって残っている。

江戸時代の医師で文化人だった加藤曳尾庵が書いた『我衣』という風俗雑記によると、文政2（1819）年に肥前のある浜に、世にも不思議な人魚に似た化け物が現れたという。その怪物は全長が6m、角が二本、長い髪を垂らした姿で、「自分は龍宮からきた神社姫という。これから大切な報《しら》せをする」と人々に告げた。「向こう7年は豊漁だけれど、そのあとコロリという病が襲ってくるから、私の姿を写した絵を見れば難を逃れ、長生きできる」と。この予言とともにコロリの流行や不作が瘧、江戸でも神社姫の写し絵がひっぱりだこになったと、曳尾庵は書いている。

同じころ、肥前平戸に神社姫によく似た「姫魚」（全長5m弱）という竜神の使いも出現し、同じ預言をした。災害の予言をする人魚の元祖は、どうも越後に現れた予言人魚らしい。

【予言獣】

全国には多くの予言した獣の伝説が残る。

越後国の亀女、海彦、人魚、天日子尊、海出人、かいし人、蟹人、光り物
肥前国の神社姫、姫魚
越中国のクタベ
日向国の尼彦入道
肥後国のアマビコ、アマビエ、アリエ
加賀国のヨゲンノトリ
丹後国の件（76ページ）
周防国の神霊

ほかにも神田明神のきたいの童子、中国から伝わる白鐸もいる。

ひょうすべ

佐賀県武雄市、1237年に出現した妖怪

佐賀県

キュウリでなく茄子が好きという
河童の眷属、ひょうすべ
（イラスト：蘭陵亭子梅）

見るだけで命の危険、ナスに因縁がある河童

子どもくらいの身長で、全身に毛が生えている。河童に近いといわれているが、キュウリと違い、ナスが好物だという。夜になると人の住むところへ現れ、酔っ払ったように歩く。ただし、ひょうすべを見たものは病気になるといわれており、ナス畑で目撃した女性も全身紫色になって死ぬのだという。

ひょうすべは、春日大社で工事の人手を増やすために、藁人形に魂を吹き込み、働かされたといわれる。しかし工事が終わったあとに川に捨てたものが、今度は河童になって人々を襲いはじめた。兵部大輔（現在の軍事機関）の任にあった橘島田丸が河童たちを鎮圧し、「主は兵部」という意味から、これら河童を兵主部《ひょうすべ》と呼んだ。その後子孫の武将・橘公業が佐賀県武雄市に移り住み、眷属であった兵主部《ひょうすべ》も共に潮見川へ移り住んだといわれている。

現在、潮見神社は、橘諸兄ら橘氏の祭神に仕える兵主部を祀る。ここには、水難・河童除けの「ひょうすべよ約束せしを忘るなよ川立男《おのこ》あとはすがわら」という唱えごとがある。これは「兵主部よ、約束したことを忘れるな。川を支配するのは菅原の子孫だということを」を意味する呪文なのだ。

大正の幻想画家、
橘小夢の傑作「水魔」

ゲドガキのバケモン

長崎県福江島の妖怪

長崎県

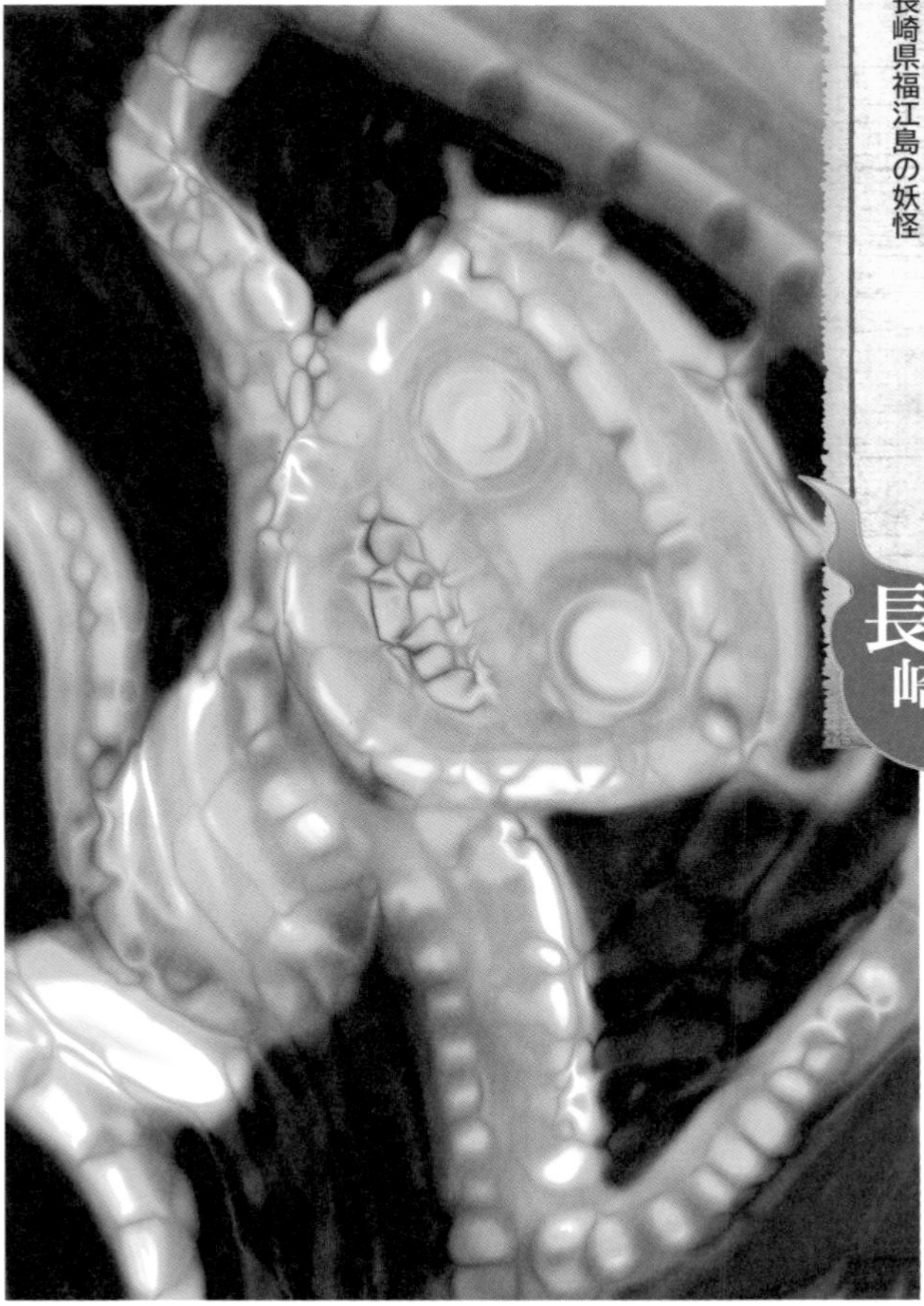

約束を交わし、人を食べた
ゲドガキのバケモン
（イラスト：應矢泰紀）

子を叱るための言葉が恐ろしい現実となった

南松浦郡岐宿町二本楠（現・五島市）と玉之浦町字荒川（現・同）との間にあるゲドガキという土地に住む化け物なので「ゲドガキのバケモン」と呼ばれた。

玉之浦中須に住んでいた丑松という子どもがある夜激しく泣いたので父親が泣き止まないならゲドガキのバケモンに食わせるぞと叱りつけると、外から化け物が「そんなら俺に食わせろ」と大きな声でいったという。父親は驚いて、とっさに「一人前になったら食わせてやる」と答えてしまった。やがて一人前に育った丑松は、ゲドガキの化け物に襲われ、一度は逃げおおせたが、二度目はこぼした酒に足を取られ、食べられてしまった。その後、化け物は家にいた父親の下に、「お前の子をもらったぞ」と告げたという。

この「ことば妖怪」も、ガ行がたくさん使われている。詳しくは奈良県の「ガゴゼ」（88ページ）を参照のこと。つい勢いで口ばしった返事は、化け物との「契約」になり、履行を強いられるのだ。

ムクリコクリ

壱岐島ほか、鎌倉時代の妖怪

長崎県

元寇の悪夢から生まれた妖怪、ムクリコクリ
（イラスト：寝猫）

恐ろしい伝説の悪夢

これも「言葉の妖怪」の1つ。実態はないが、言葉を口にすることで、聞いたものが理由もわからずに震えあがる。一般には、「ゴジラ」のような「ガ行」音や、「モモンガー」のような「マ行」音が多い。その理由は、これらの音に人々の記憶を呼び覚ますこわい体験が潜んでいるからと考えられる。

この「ムクリコクリ」も、元寇《げんこう》という昔の恐ろしい出来事が関係するといわれる。

かつて北九州に襲いかかった中国の元（蒙古《もうこ》）による攻撃がそれだ。蒙古と高句麗《こうくり》の大艦隊が北九州に襲いかかったが、神風が吹いたおかげで打ち払うことができた出来事に由来する。

壱岐島は対馬とともに大陸（朝鮮半島）ともっとも接近しているため、被害が大きかった。戦いは残酷で、捕虜になったものたちは盾として使われたり、国に連れて帰られ奴隷にされたりしたという。当時の日本にはない火薬を前に手がだせず、博多湾まで攻め込まれた。悲惨な歴史は繰り返してはいけない。これが転じて子どものわがままや泣くのをとめるのに「むくりこくり（蒙古高句麗）、鬼来るぞ」と脅す風習となったといわれる。

壱岐島では近年まで、蒙古軍の兵士をかたどった「むくりこくり人形」が製作されていたが、もう後継者も少なくなったという。

蒙古襲来に百合若大臣《ゆりわかだいじん》の話も伝わっている。鉄弓を使って追い返したが、切り落とした鬼の首が飛んできて兜に噛みついたという。酒呑童子（77ページ）と共通点のある鬼の最期だが、このときの様子が鬼凧《おんだこ》になって今も伝わっている。この鬼凧は空に飛ばすと大きな音をならすので、揚げているときはまるで鬼のうなり声のように聞こえる。

【鬼凧（おんだこ）】
現在鬼凧を作成している継承者は少なくなっている。壱岐島に行ったときはぜひお土産にしてほしい。この絵柄は島の中のあちこちにある。

【月讀神社】
長崎県壱岐市芦辺町国分東触にある神社。素朴な作りのむくりこくり人形が、一新され「魔除けこけし」として授かることができる。

アマビエ

熊本の海中、江戸時代の妖怪

江戸の刷り物に描かれた姿を参考に模写
（模写：荒俣 宏）

現代では疫病と闘う人々のシンボルに

　鳥のようなくちばしをもち、魚のウロコに覆われた三本足の姿の妖怪。江戸時代の刷り物によると、肥後国（熊本県）に毎晩のように海中に光るところがあり、役人が調べにきたところ、アマビエという異界のものとわかった。

　実はアマビエは、佐賀県で取り上げた神社姫と同じような、予言する人魚の仲間だ。江戸時代も押し詰まった１８４６年（弘化３年）4月中旬、世の中は少しずつ不穏な時期にさしかかり、天変地異や伝染病なども懸念されたときのこと。肥後国（現在の熊本県）熊本御領分真字郡の海岸に、化け物らしき光り輝く物体がふいに浮上した。化け物は名を「アマビエ」と名乗ったあと、キイキイ声を発してこう警告した。

「この先6年間は豊作が続くが、そのあと悪い病気がはやって、たくさん人が死ぬぞ。そうなったら、いいか、私のこの姿を描いた絵を人々に早々に見せよ。これを描き写して門に貼り置けば災害は避けられる」と、予言して、海に消えた。

　この話が江戸で刷り物になって配布された（現物は京都大学附属図書館にある）。実際、それから10年ほど経ったとき、日本はコロリ（コレラのこと）の大流行となったという。

　アマビエはそのとき1回だけ出現して警告したのだった。ところが、その同類と思われるお告げ妖怪がアマビエよりも数年早く、同じような預言をだして世間を騒がせていた。その名もアマビコという。アマビコも首から下に三本の足がはえている図であり、話題になっていた。

　刷り物の写し絵がこのアマビコのことを間違えて「アマビエ」と書いてしまったと考えられている。

　２０２０年、新型コロナウィルスが流行し、SNSの間でアマビエを描いたり、ぬいぐるみやスイーツをアマビエのお守りに作ったりして、画像を拡散させる現象が起こった。厚生労働省もこの妖怪を取り上げ、アマビエが新型コロナウィルスの感染拡大防止を啓発するアイコンに活用した。これぞ江戸時代の「人魚」頼みの再来だといえる。「困ったときの妖怪頼み」は、死んでいない。

不知火《しらぬい》

八代海や有明海、奈良時代にも有名だった怪現象

熊本県

現代でも見えることがあるという不知火
（イラスト：斎藤 猛）

海上に並ぶ神の灯火

旧暦の7月（新暦では7月下旬から9月上旬ごろ）、穏やかな新月の夜、不知火の海上に無数の赤い火が並行して灯るという怪火。古くから神秘的な現象として知られ、江戸時代の学者も解明に挑んでいた。

この現象は、八代の不知火海の沖に横に広がって、点々と火が浮かび、やがて8kmにもわたって数が増えていく。しかも海岸からは見にくく、小高い山からのほうがよく見えたという。竜神が灯している火とも考えられており、地元では龍灯、千灯籠ともいい、不知火のでる日は船をだすことが禁じられている。不知火が現れる旧暦の盆ということもあり、死者の霊が子孫の家に戻るときに現した「火の魂」、つまり死者の魂が正体だと考えられたのだろう。

『古事記』によれば、景行天皇が九州に出陣したおり、船で海にでると暗闇になり、行くべき方向がわからなくなったという。そのとき、沖にこの怪光が現れ、天皇を無事に陸地へ導いたという。いったい何者が灯したのかわからなかったから、「知らぬ火」すなわち不知火と呼ばれるようになった。

【モンジャ】

津軽の伝承にでてくるモンジャとは海で死んだ亡者のことで、モンジャ火、モレ火は亡者の火のことをいう。モンジャは生前暮らしたそのままに、ごく自然に家へ帰ってきて、物音を起こすという。東津軽郡のモジャビはそれに加え「寒いから火を焚け」など家の者へ言葉も発するという。西津軽郡鰺ヶ沢では、とある男が、夜になると水をかけられたように寒くなるので、ゴミソ（男性の祈祷師）に見てもらったところ、四人のモンジャが供養を求めて、取り憑いていたという。

セコ

大分県、宮崎県、島根県隠岐郡の妖怪

大分県

いたずら好きの妖怪、セコ
（イラスト：蘭陵亭子梅）

悪戯者だが意外と素直な子ども妖怪

地域によって異なるが、2〜7歳ぐらいの子どものような外見の妖怪。

山に登った河童、年を取った河童ともされる。毛はなく、いつも20〜30人ほどで連れ添って行動する。人に大きな害はないが、山道を歩いている人を脅かしたり、道を迷わせたりする。大工仕事に使う墨つぼをほしがるといわれるが、なんに使うかは不明。なので、与えてはいけない。妖怪たちのいたずらに困ったときは、鉄砲を鳴らす、読経する、または「今夜は俺が悪かった」とあやまるなどで難を避けることができるらしい。鋸《のこぎり》の音やイワシの頭を嫌うため、それを引っ込める交換に悪さをやめさせることもできるという。

それにしても、この妖怪が炭つぼをほしがる理由がしりたい。なぜなら、山童という妖怪は墨つぼによって引かれた線を毛嫌いするからだ。ひょっとすると山童との縄張り争いだろうか。

狩猟で獲物を刈りだす担当を勢子《せこ》というが、セコの名前の由来はここからだといわれている。セコは移動のときに「ホイホイ」と声をだすが、この言葉は勢子のかけ声にとても似ている。

せんちん婆さん

大分県臼杵市の妖怪

大分県

せんちん婆さんは便所の女神と祀る人もいる
（イラスト：斎藤 猛）

トイレの神様にも妖怪がいる

口の端をつねって「ごきだこ（おでき）」を作るという老婆の妖怪。便所の中に住み人間の排泄物を手で受けとめる。そのため便所で唾を吐くと、せんちん婆さんが怒り、おできを作るのだという。ただしきちんとあやまると、治るらしい。

東京でも、昔はトイレの化け物が怒るのを鎮める、不思議な風習があった。「眼張入道《がんばりにゅうどう》ホトトギス」と唱えることだ。大みそかの除夜の鐘が鳴ったあと、真夜中にトイレへ行って、お尻をだし、このヘンな呪文を三度唱える。すると、便器の中から毛むくじゃらの手がにゅーっと現れ、お尻をなでる。すかさず、この手を捕まえれば、新しい年は金《きん》や運《うん》がつくという。

実際、この妖怪は「黒手」といって、石川県各地に出現した。しかし、明治の新聞記者だった塚原柿渋園の本『幕末の江戸風俗』には、この化け物風俗の秘密の意味が明かされている。眼張入道とは目をひん剥いて脅かすこと。ホトトギスは「テッペンカケタカ」と鳴く鳥だから、「かけとり」すなわち「借金取り」のことと解釈できる。大みそかに売掛け金を取りにくる「借金トリ」を追い返す呪文だったというのだ。京都府の便所の妖怪「カイナデ」は「赤い紙やろうか、白い紙やろうか」というと現れない。これは便所神の祭りで紙製の人形を供える風習と関係ありそうだ。

昔のトイレ。
下は真っ暗だった

大《おお》人《ひと》弥《や》五《ご》郎《ろう》

宮崎県の町円野神社、田ノ上八幡神社、鹿児島県の岩川八幡神社などに祀られる

宮崎県

大人弥五郎は今も人から愛されている巨人だ
（イラスト：應矢泰紀）

今も祭りに登場する巨人妖怪

山に腰掛けるほどの大男。伝承の起源はかなり古いといわれ、天地創成を行った巨人とされるため、関東各地で「だいだら坊」や「ダイダラボッチ」と呼ばれる巨人と比較できる。

弥五郎は力自慢で、川の土手が決壊し洪水になったときは、軽々と持ち上げた大岩で塞いだり、雲をかき回して雷が鳴るのを鎮めようとしたりするという。人に親しまれ、弥五郎どんと呼ばれている。毎年11月には「弥五郎どん祭り」もしくは「弥五郎様祭り」が行われる。このときは、巨大な弥五郎人形が町内を練り歩く。人形に触ることができれば、一年息災で過ごせるとも信じられている。

弥五郎にはモデルがいるといわれ、奈良時代に起こったヤマト王権の支配に対する抵抗戦争「隼人の反乱」で、隼人側の統率者だったとする説がある。ヤマト朝廷は、抵抗した隼人族の首を、宇佐の地に埋めたが、作物が不作になり、疫病も流行する騒ぎが起きた。

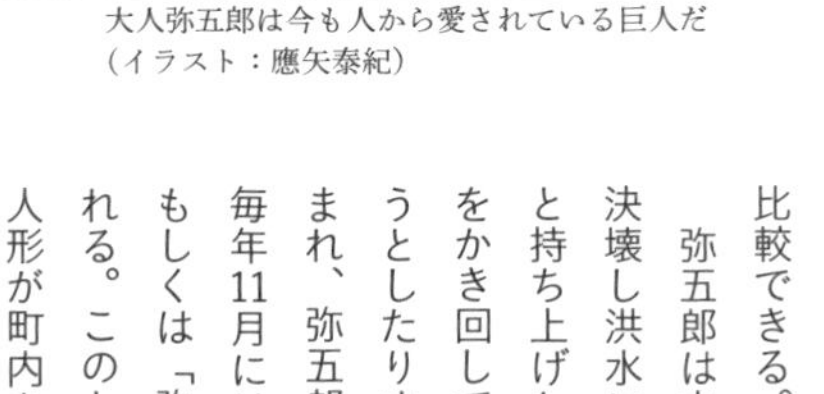

弥五郎のスペイン遠征記念のテレホンカード

【弥五郎どん祭り】
弥五郎どん祭りには長男、次男、三男に分かれ、各地元で行われる。それぞれ大きな弥五郎の像が出現するが、町ごとに個性があり、赤い顔や白い顔、黒ひげや白ひげなど異なる。

【弥五郎銅像】
曽於市大隅町岩川にある道の駅「おおすみ弥五郎伝説の里」にある。

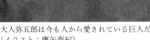

豆狸

高千穂ほか、元禄時代の妖怪

宮崎県

陰嚢を使って変化する豆狸
（イラスト：寝猫）

招待された八畳間の正体？

狸が人を化かす際、神通力をもってさまざまな奇跡を起こすものがいる。化かされたと気づくまでどこまでが本当なのかわからないという話が、九州に伝わる。あるとき、俳諧師の魯山という人が高千穂で高尚な人物と知り合った。家に招かれ、八畳間で一緒に楽しく連句を作っていた。気を許した魯山は、うっかりたばこの吸殻を畳に落としてしまうと、まわりが突然めくれあがり、すべてが消え失せ、野原に自分だけになってしまった。実はすべて豆狸が化けたもので、八畳間は火傷をした狸の陰嚢だったという。

諸説あるがこの物語が信楽焼の狸のモデルとなり、「雨がしょぼしょぼ降る晩に、豆狸が徳利もって酒買いに、酒屋のぼんさん泣いていた。なぁんで泣くかと聞いたらば、豆狸のお金が木の葉ゆえ」という歌も残っている。また、「他を抜く」という意味で狸は商売繁昌に喜ばれる。

【お袖狸】

愛媛県で「タヌキ神」と敬われるお袖狸がいる。お袖は江戸時代後期にとある大榎に移り住んだ。最初は道祖神になりすましていたが、次第には神通力をもつ狸として有名になった。お袖は病気平癒、縁談、商売繁盛といった願い事など一切を引き受けて賽客を集め、「狸祠」として名物になった。しかし昭和11年の春、市内電車の工事になり、大榎も切り倒すこととなった。狸信者が喜福寺への大榎の移転計画を実行したが、すでに古木の榎は枯れてしまったという。お袖は住処を転々としたが、昭和22年ごろからふたたび古巣の堀端に帰ってきたといわれている。愛媛県松山市堀之内にある神社では八股榎お袖大明神を祀っている。

一反木綿

鹿児島県肝属郡高山町（現・肝付町）の妖怪

鹿児島県

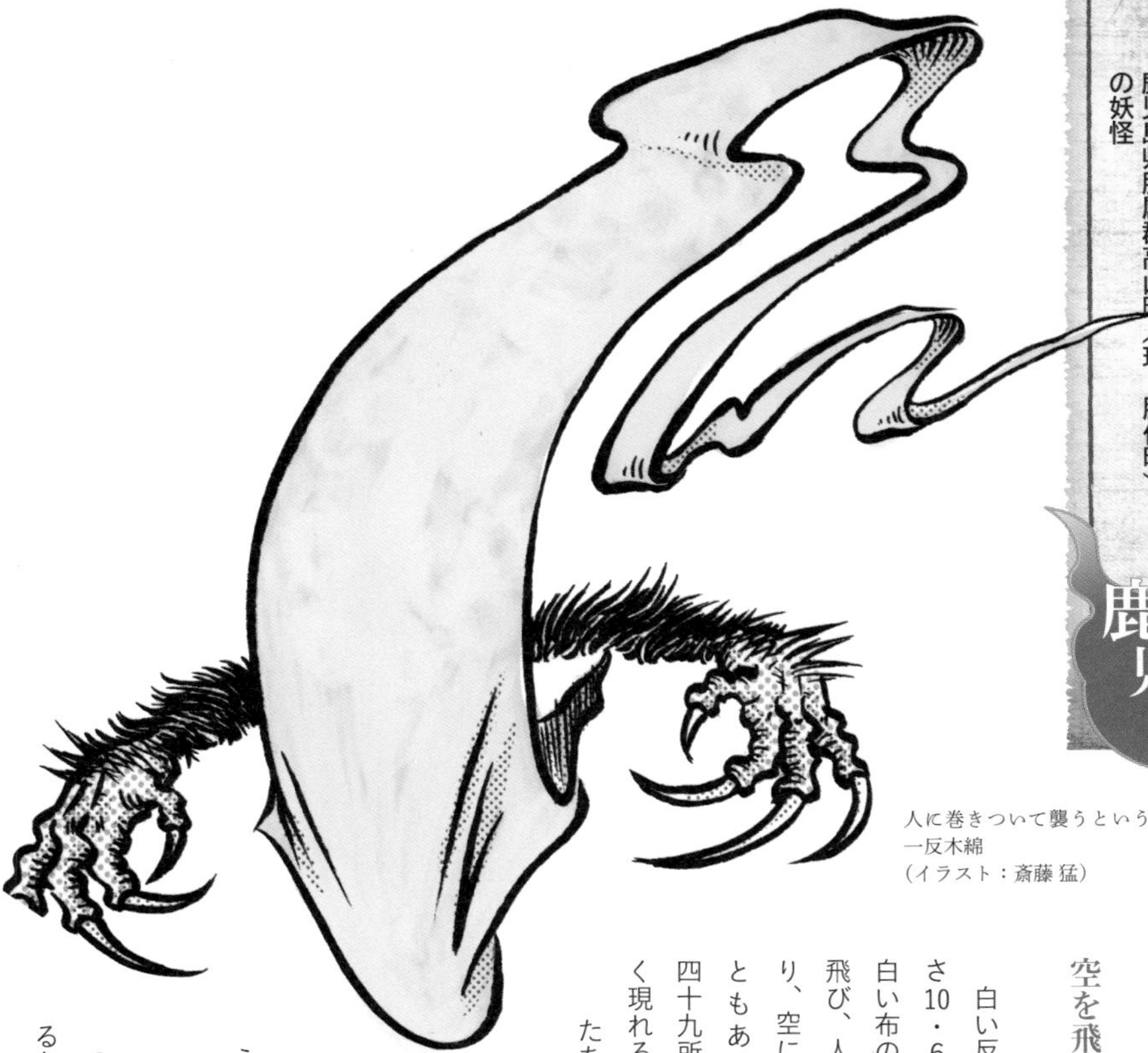

人に巻きついて襲うという一反木綿
（イラスト：斎藤 猛）

空を飛ぶ謎の反物

白い反物（およそ幅36～38cm、長さ10・6～12・5m）、もしくは白い布の姿といわれている。空を飛び、人に巻きついて窒息させたり、空に持ち上げたりして襲うこともあるという。肝付町では四十九所神社などに一反木綿がよく現れるといわれていた。子どもたちの間では、一反木綿は一番後ろを歩く子どもを狙うといわれている。近年も多くの人に目撃され、映像も記録されている。

一反木綿は付喪神という説もあるが、正体はよくわかっていない。というのも、白い布に首を巻きつかれた男が脇差で応戦すると布は消え、男の手には血が残っていたらしく、獣による妖怪変化の可能性が濃い。『百鬼夜行絵巻』に描かれた一反木綿は、中にイタチのような生き物が描かれている点でムササビの妖怪が連想される。

似た妖怪は他県にもいるが、少し事情が違う。新潟県佐渡島に現れた大きな風呂敷のような姿の衾（フスマ）という妖怪は、夜道を歩くと上からかぶさってくる。一反木綿と違い、どんな鋭い名刀でも切ることができず、対処できない。過去に一度でもお歯黒を塗ったことのある歯なら、噛み切れるといわれている。滋賀県甲賀郡信楽町の妖怪で、上から白い風呂敷のようなものがかぶさり、内側からはずそうにもうまくできず、結局は転落させられるフクマカブセという妖怪もいる。

ケンムン

奄美群島の妖怪

鹿児島県

人と友好関係が築けた妖怪、ケンムン
（イラスト：寝猫）

いたずらと相撲が好きな妖怪の友人

奄美でもっとも有名な妖怪。子どもくらいの体格で、顔は犬、猫、猿に似ていて、河童のように頭に皿があり、手足が細長く、座ると膝が頭くらいの位置にあるといわれる。

指先に火を灯して歩くとされ、火を恐れる生物とは一線を画している。島民と仲がよいが、匂いがくさいという。漁をして魚や貝（とくに魚の目玉が好物）を食べるが、蛸が苦手といわれている。相撲やいたずらが好きだが、人に直接危害を加えることはほとんどない。ただしケンムンたちが住むガジュマルの木を人が切ってしまうと、その者は失明、もしくは死んでしまうこともあるとされる。沖縄のキジムナー（131ページ）に共通する点が多い。

ケンムンの起源はさまざま伝えられており、なかには、ある女がテンゴ（天狗）に求婚された際、条件として、60畳もの屋敷を1日で要求した。テンゴは大工の神でもあり、二千体の藁人形に命を与え、屋敷を完成させた。藁人形たちがのちに山や川に住み、ケンムンとなったという。

奄美リゾート ばしゃ山村で手に入るステッカー

【ケンムン神社】
鹿児島県奄美市笠利町大字用安の用安海岸にあるリゾート施設ばしゃ山村にある神社

キジムナー

沖縄諸国周辺の妖怪

沖縄県

幸運を運ぶというキジムナー
(イラスト：蘭陵亭子梅)

妖怪はよき隣人

まっ赤な子どもの姿や全身毛むくじゃら、木のような老人など、さまざまな姿で伝えられている妖怪。

人間と仲間になり一緒に漁にでて、自分たちは好物の魚の左目玉だけを食べたといわれる。人を傷つけることはなかったが、自分たちの住む古木を切ったり虐げたりすると、家畜を殺したり船を沈めたりして人を懲らしめるという。蛸を嫌うなど、奄美群島の「ケンムン」と共通する点が多い。キジムナーはいわゆる妖怪とは少し異なり、性別があって大人になると結婚をして家庭をもつという。

精神年齢はいつまで経っても子どものままで、いたずら好きの面はまったくなくならない。キジムナーと仲よくすると、お金持ちになれる、などともいわれ、キジムナーにひと目会いに行きたいというファンが多い。

沖縄県国頭郡大宜味村喜如嘉(きじょか・きじむか)がキジムナーの発祥の地といわれており、同地では「ぶながやー」と呼ばれる。キジムナーは木の精霊という人や、沖縄の河童と考えられたりしており、アカガンターワラバーという赤い髪をおかっぱにした小人、アカガンターという赤い髪で赤い服の赤ん坊妖怪とも同一視されている。

【キジムナーとの縁】
富をもたらすといわれるキジムナーだが、つきあいきれないと思えば、彼らの苦手なタコを渡したりオナラをしたりすると縁が切れるという。しかしこの方法で逆上させ、殺されたという人もいる。

沖縄県

ザン

石垣島、鹿児島県奄美群島、江戸時代の妖怪

予言を残した人魚、ザン
（イラスト：寝猫）

信じる者は救われた、大津波の予言

ザン、またはザンノイオという海にいる魚のような女の妖怪で、ジュゴンを指すともいう。ジュゴンは、沖縄よりもっと南の島々でも神聖な存在といわれている。そのために、漁師が捕らえて食べるときはかならず浜で料理し、家には持ち帰らなかった。持ち帰った場合は家の主婦が死ぬか、漁師の家人が海の災難で死ぬといわれている。

昔話に、こういう例がある。石垣島は野底村（現・石垣市）の海岸にいた若者たちが、ある夜に海の方から女の声を聞き、船をだして網を入れたところ、ザンを捕らえた。若者たちはザンを村に連れて帰ろうとしたが、ザンが命乞いをしたので海へ帰してやった。

するとザンは村に津波がくることを告げて消えていった。

若者は村へ帰り、津波のことを人々に知らせると、野底村の人々は急いで山へ避難したが、白保村は誰も信じようとしなかった。やがて夕刻になると大津波が押し寄せ、村々を飲み込んでいった。これが1771（明和8）年4月24日の明和大津波（八重山地震津波）だった。野底村の人々は生き残ったが、白保村の人々は助からなかったという。ちなみにこのときのザンは、上半身が美しい女で、下半身が魚の人魚だったそうだ。

こうして調べていくと、九州にアマビエや神社姫などの予言人魚が登場した事実との関連が見えてくる。沖縄でザンの実態を「ジュゴン」と考えていたことがたしかだとすれば、沖縄の習俗が本土にも浸透して予言人魚が現れたのではないかと考えたくなる。おまけに、当時九州では人魚の標本を人工でこしらえ、オランダ経由で販売していた。予言人魚の話もシーボルトの名を語った人たちにより、イギリス、アメリカにまで知れわたったことを書き添えておきたい。日本の妖怪「予言する人魚」は、幕末には世界に広まったのだった。

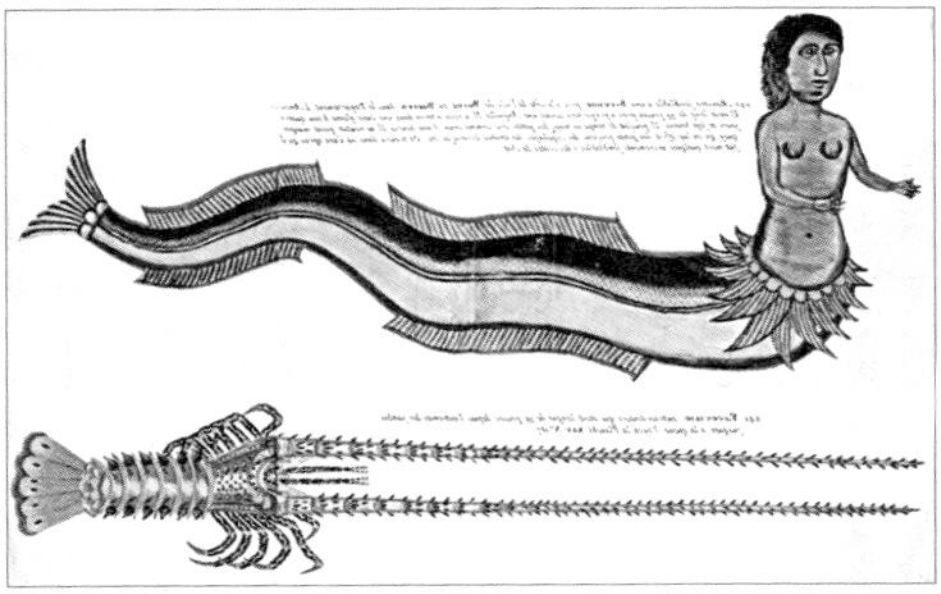

ルナール『インド海生物図鑑』に描かれた人魚

沖縄ではジュゴンが「ザン」と呼ばれた

【人魚の像】
沖縄県石垣市川平にある川平公園（かびらこうえん）に人魚の像がある。沖縄に伝わる人魚伝説から作られた。

参考文献一覧

更科源蔵 著 『北海道伝説集アイヌ篇』 楡書房、1955 年
小橋藻三衛 著 『吉備叢書 第一巻 吉備前鑑 全』 1899 年
金子総平 著 『民間伝承』第 6 巻第 8 号　民間傳承の会、1941 年
民俗学研究所 編著、柳田國男 監修 『綜合日本民俗語彙』第 3 巻　平凡社、1955 年
更科源蔵 著 『アイヌ伝説集　更科源蔵アイヌ関係著作集 I』 みやま書房、1981 年
知里真志保 著 『分類アイヌ語辞典　植物編・動物編』 平凡社、1976 年
藤沢衛彦 著 『妖怪画談全集　日本篇＜上＞』 中央美術社、1929 年
山田野理夫 著 『東北怪談の旅』 自由国民社、1974 年
内田邦彦 著 『津軽口碑集』 歴史図書社、1979 年
森山泰太郎・北彰介 著 『青森の伝説』〈日本の伝説 25〉 角川書店、1977 年
柳田國男 著 『妖怪談義』 講談社、1977 年
菅江真澄 著 『秋田叢書』 秋田叢書刊行會編、1928 年
福島彬人 著 『奇々怪々あきた伝承』 無明舎 1999 年
日野巌 著 『動物妖怪譚＜上＞』 中央公論新社〈中公文庫〉、2006 年（原著 1926 年）
京極夏彦 文、多田克己 編 『妖怪図巻』 国書刊行会、2000 年
多田克己 編 『竹原春泉 絵本百物語 桃山人夜話』 国書刊行会、1997 年
村上健司 編著 『妖怪事典』 毎日新聞社、2000 年
根岸鎮衛 著、長谷川強 校注 『耳嚢＜上＞』 岩波書店〈岩波文庫〉、1991 年
人文社編集部 『諸国怪談奇談集成 江戸諸国百物語 東日本編』 人文社〈ものしりシリーズ〉、2005 年
藤沢衛彦 著 『日本の伝説 東北・北海道』 河出書房新社、2018 年
赤松宗旦 著、柳田國男 校訂 『利根川図志』 岩波書店〈岩波文庫〉、1994 年
安藤 操・清野文男 著 『河童の系譜 われらが愛する河童たち』 五月書房、1993 年
藤沢衛彦 著 『日本の伝説 関東』 河出書房新社、2019 年
村上 健司 著 『妖怪ウォーカー』 角川書店、2002
朝里樹 監修、えいとえふ 著 『日本怪異伝説事典』 笠間書院、2020 年
山室 静・山田野理夫・駒田信二 著 『妖怪魔神精霊の世界―四次元の幻境にキミを誘う』 自由国民社、1977 年
日本博学倶楽部 『お江戸の「都市伝説」』 PHP研究所〈PHP文庫〉、2008 年
小池信一 著 「埼玉の憑き物「オーサキ」」『埼玉県史研究　第 12 号』 埼玉県　1983 年
柳田國男 著 『遠野物語・山の人生』 岩波書店〈岩波文庫〉、1993 年
柴田宵曲 著 『奇談異聞辞典』 筑摩書房、2008 年
池上正太 著 『猫の神話』 新紀元社、2013 年
ラフカディオ・ハーン 著 『怪談―不思議なことの物語と研究』 岩波書店、1965 年
草野 巧・戸部民夫 著 『日本妖怪博物館』 新紀元社、1994 年
今野圓輔 編著 『日本怪談集　幽霊篇』 社会思想社＜現代教養文庫＞、1969 年
鈴木牧之 著、京山人百樹 刪定、岡田武松 校訂 『北越雪譜』 岩波書店、1978 年改版
橘崑崙 著、荒木常能 監修、磯部定治 翻訳 『現代語訳・北越奇談』 野島出版、1991 年
日野 巌 著 『動物妖怪譚〈下〉』 中央公論新社、2006 年
山村民俗の会 編 『山ことばと炉端話 山の伝説・昔話とことばの民俗』 エンタプライズ〈シリーズ山と民俗〉、1991 年
香川雅信・飯倉義之 編著、小松和彦・常光徹 監修 『47 都道府県・妖怪伝承百科』 丸善出版、2017 年
河合 勝・斎藤修啓 著 『日本古典奇術「呑馬術」について』 愛知江南短期大学 、2009 年
浅井了意 著、佐竹昭広 他編 『伽婢子』 岩波書店〈新日本古典文学大系〉、2001 年
小野地健 著 「八百比丘尼伝承の死生観」『人文研究』第 155 号　神奈川大学、2005 年

国分義司 著 『戸隠の鬼たち』 信濃毎日新聞社、2003 年
寺島良安 著 『和漢三才図会 上』巻第四十二「原禽類」 東京美術 、1980 年
松谷みよ子 著 『松谷みよ子の本 第 9 巻 伝説・神話』 講談社、1995 年
荻田安静 著 「宿直草」『江戸怪談集＜上＞』 高田衛編校注 岩波書店〈岩波文庫〉、1989 年
池上正太 著 『猫の神話』 新紀元社、2013 年
岩田準一 著、岩田貞雄 後記 『志摩の海女 附 志摩の漁夫の昔がたり』
鳥羽志摩文化研究会、1971 年
京都新聞社 編 『洛中洛外 怪異ばなし』 京都新聞社、1984 年
志村有弘 著 『図説 地図とあらすじで読む 日本の妖怪伝説』 青春出版社、2008 年
多田克己 著 『幻想世界の住人たち』IV 新紀元社〈Truth In Fantasy〉、1990 年
六樹園・岡田玉山 著、須永朝彦 翻訳 『現代語訳・江戸の伝奇小説〈3〉飛騨匠物語・絵本
玉藻譚』 国書刊行会、2002 年
湯本豪一 著 『日本の幻獣図譜 大江戸不思議生物出現録』 東京美術、2016 年
外山暦郎『越後三條南郷談』 郷土研究社、1928 年
大島建彦 校注訳 『御伽草子集』日本古典文学全集 36 小学館、1974 年
京極夏彦 文、多田克己 編 『妖怪画本 狂歌百物語』 国書刊行会、2008 年
人文社編集部 編 『諸国怪談奇談集成 江戸諸国百物語』 西日本編
人文社＜ものしりシリーズ＞、2005 年
杉原たく哉 著 『天狗はどこから来たか』 大修館書店、2007 年
谷川健一 著 『蛇—不死と再生の民俗』 冨山房インターナショナル、2012 年
民俗学研究所 編著、柳田國男 監修 『綜合日本民俗語彙』第 1 巻 平凡社、1955 年
千葉幹夫 編 『全国妖怪事典』 小学館〈小学館ライブラリー〉、1995 年
荻原直正 著 『因伯伝説集』 牧野出版、1951 年
京極夏彦 文、多田克己 編 『妖怪図巻』 国書刊行会、2000 年
立石憲利 著 『岡山の伝説』 日本文教出版〈岡山文庫〉、1969 年
杉本好伸 編 『稲生物怪録絵巻集成』 国書刊行会、2004 年
土井中照 著 『えひめの伝説』 アトラス出版、2010 年
民俗学研究所 編著、柳田國男 監修 『綜合日本民俗語彙』第 2 巻 平凡社 1955 年
谷川健一・森銑三 編著 『日本庶民生活史料集成』第 15 巻 三一書房、1980 年
千葉幹夫 著 『全国妖怪事典』 小学館〈小学館ライブラリー〉、1995 年
今野圓輔 編著 『日本怪談集 妖怪篇』 社会思想社〈現代教養文庫〉、1981 年
湯本豪一 著 『日本の幻獣図譜 大江戸不思議生物出現録』 東京美術、2016 年
民俗学研究所 編著、柳田國男 監修 『綜合日本民俗語彙』第 4 巻 平凡社、1956 年)
神田左京 著 『不知火・人魂・狐火』 中央公論新社＜中公文庫 BIBLO ＞、2005 年改版
山口保明 著 『「弥五郎どん」は何者か—南九州の「大人」人形行事の民俗的背景をさぐる』
(鉱脈社＜みやざき文庫＞、2007 年
水木しげる 著 『図説 日本妖怪大全』 講談社〈講談社 + α文庫〉、1994 年
※以上の著作物のほかに、「Wikipedia」を始め、多数のウェブサイトの記事を参考にさせていただいております。

企画プロデュース、執筆

荒俣 宏（あらまた ひろし）

1947年東京都生まれ。博物学者、小説家、翻訳家、妖怪研究家、タレント。慶應義塾大学法学部卒業。大学卒業後は日魯漁業に入社し、コンピュータ・プログラマーとして働きながら、団精二のペンネームで英米の怪奇幻想文学の翻訳・評論活動を始める。80年代に入り『月刊小説王』（角川書店）で連載した、もてるオカルトの叡智を結集した初の小説『帝都物語』が350万部を超え、映画化もされる大ベストセラーとなった。『アラマタヒロシの妖怪にされちゃったモノ事典』（弊社）、『世界大博物図鑑』（平凡社）、『荒俣宏コレクション』（集英社）など博物学、図像学関係の本も含めて著書、共著、訳書多数。

構成・資料協力、執筆

應矢 泰紀（おおや やすのり）

1974年、大阪府生まれ。妖怪愛好家。現在、京都国際マンガミュージアムの学芸室員としてTVアニメ研究や、角川武蔵野ミュージアムの特別研究員として展示物の収集や分析を行っている。他にも妖怪マンガの原作や、妖怪イベントなどの企画運営も行っている。映像作家でもあり、オーバーハウゼン国際短編映画祭（ドイツ）、ヨーロピアン・メディアアート・フェスティバル（ドイツ）など国内外のビデオアート・フェスティバルや短編映画祭で作品を発表。プロダクションとしてアニメーション映像も作成している。

イラストレーション

荒俣 宏／應矢 舞利子／應矢 泰紀

斎藤 猛／寝猫／蘭陵亭子梅

校正

庄野 正弘、益田 麻理子

デザイン・DTP

片倉 紗千恵

アラマタヒロシの日本全国妖怪《にほんぜんこくようかい》マップ

発行日 2021年 8月 4日 第1版第1刷

著 者 荒俣《あらまた》 宏《ひろし》／應矢《おおや》 泰紀《やすのり》

発行者 斉藤 和邦

発行所 株式会社 秀和システム

〒135-0016

東京都江東区東陽2-4-2 新宮ビル2F

Tel 03-6264-3105（販売）Fax 03-6264-3094

印刷所 三松堂印刷株式会社 Printed in Japan

ISBN978-4-7980-6507-6 C0501